聚居与变迁

——寻找中国民族乡村的典范

汪榕 著

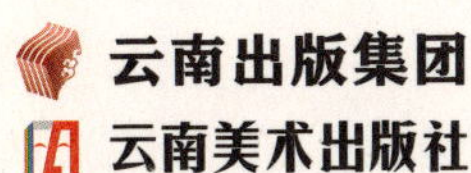
云南出版集团
云南美术出版社

图书在版编目（CIP）数据

聚落与变迁：寻找中国民族乡村的典范 / 汪榕著
. -- 昆明：云南美术出版社，2019.1
ISBN 978-7-5489-3477-6

Ⅰ. ①聚… Ⅱ. ①汪… Ⅲ. ①文化遗产—介绍—云南
Ⅳ. ① K297.4

中国版本图书馆 CIP 数据核字（2018）第 303321 号

出 版 人：李 维 刘大伟

责任编辑：张文璞 吴 洋 陈铭阳 李 林
封面设计：贺 涛
责任校对：胡国泉

聚落与变迁

——寻找中国民族乡村的典范

汪榕 著

出版发行：云南出版集团
云南美术出版社
（昆明市环城西路 609 号）
印 刷：昆明精妙印务有限公司
开 本：787mm × 1092mm 1/16
印 张：10.5
版 次：2019 年 1 月第 1 版
印 次：2019 年 1 月第 1 次印刷
ISBN 978-7-5489-3477-6
定 价：68.00 元

乡村，一本读不尽的大书

中国是个乡土社会，乡土社会就是中国。我们生于斯，长于斯，回归于斯，上溯三代，今天的中国人，每一个都来自乡村。现代中国也是从乡土里走出来，乡土社会是中国文化的根基。费孝通先生在《乡土重建》中曾这样写到："任何一个到中国乡村里去观察的人，都很容易看到农民们怎样把土地里长出来的，经过人类一度应用之后，很小心地又回到土地里去。人的生命并不从掠夺土地中得来，而只是有机循环的一环。甚至当生命离开躯壳，这臭皮囊还得入土为安，在什么地方出生的，回到什么地方。"

城市化仿佛是人类的终极目标，西方社会几百年的城市化进程，中国用了短短的半个世纪，就在乡村中矗立出无数的大中小城市，将几亿中国人从乡土社会中拉出来，进入"繁华"的都市，进入工业、后工业社会。乡村聚落与变迁背后，隐含的是中国乡土社会的裂变、建构和重构，伴随其过程的是兴奋、躁动、狂热、不安和阵痛。在城市几百米高的写字楼中，在电脑前，在城市拥堵的车流中，穿梭的人们似乎已嗅不到乡土社会的气息，看不到乡土社会的踪迹。但我总觉得：中国仍然还是个乡土社会，乡村生活、族群血缘、乡村人情世故就在我们身边，并不遥远，挥之不去。

乡村社会于我并不陌生。45 年前，父亲被下放到今天滇西北的一个村小学教书，母亲与七岁的我随父亲到了这个“大村”，开始了我的乡村生活。这是民族迁徙通道上一个典型的军屯时代的村落，是个有上千户人家的大村。有施、辛、高、杨、周几个大姓，村落的布局是典型的防御型布局，东边毗邻一条大河，东南西北中，设东营、南营、西营、北营、中营。五个营互为犄角，相互呼应，东南西北各营之间是荷花田、梨园、稻田，外围是肥沃的土地环抱。学校是在村边一个大院的基础上改建的，没有更多的教师宿舍。在村里租了一施姓人家的三间屋。在这个白族地区典型的四合院里，少年的我开始了我的乡村生活。与农村孩子一起上学、一起上山拾柴火，一起在乡场的草垛里玩耍，清澈见底的小溪中围塘摸虾子。体味到青黄不接农村饿肚子的艰难，也感受过收割大谷子，吃新米时的快乐，迎亲队伍的打闹，闹新房中，寓教于乐的中国传统性教育，入土为安的葬礼中中国人厚重的家族、血缘文化的尊崇，新生命诞生时对生命和传宗接代的礼赞。从小城到乡村，从乡村回返小城，从小城到城市，走出去，走进去，再走出来，记忆中的比较，生活中的体悟。多年来在田野中行走，一路走、一路对比，少年时曾生活过的乡村总在眼前，嗅得到乡土的味道，看得见乡村的纹路，听得见乡村的声音，看得见霜冻黑土中的麦苗……

同事汪榕近日送《聚落与变迁——寻找中国民族乡村的典范》一书稿。工作之余，细细品读。在阅读中，几十年在田野行走中曾经与我交集过的村落又清晰地在我眼前、心中活泛起来。书中对 30 个不同地区、不同民族村落的“叙述”，不时把我从所谓的“理论”和“业绩”中拉出来，与乡土、村落、自然、亲情、血缘、归宿、生命进行对话。简洁平实的叙述与日常生活的真实形成强烈冲击，不时让我跳了起来，离开书桌，不敢再读下去，意识流的表现手法和人类学深层描述隐含的现实问题又把我拉回文本之中，时断时续，10多万字的文本，竟也花了20多天的时间，才阅读完毕。作者对30个村庄的散点式的白描，给予我的不是抒情式的享受，而是对一个不断行走在田野学者的拷问和鞭打。

兴许作者的学科背景是汉语言文学，又长期从事过新闻、媒体、文学创作，《聚落与变迁——寻找中国民族乡村的典范》从书名、目录到文字都体现了中国传统治学的风格与颇具艺术叙写的温度，可否概括为“有温度的叙写与拷问”。全书十篇，每篇三个村，聚焦族群聚落的一个维度。用“聚落”作为贯穿始终的红线，串接起民族迁徙、生存、转型、发展中的十个维度——“血缘”“迁徙”“生计”“经营”“分配”“智慧”“博弈”“艺术”“信仰”“家园”。十个词，二十个概念，凸显的是云南散落、聚合在坝子、河谷、高山、雨林中的不同族群在大地上的栖居历史与当下。在对三个村落相对客观地叙述基础上，作者用“离离”“跋涉”“无事”“营营”“和睦”“协调”“平衡”“无用”“规仪”“连接”为题，用女性特有的视角和学理性语言进行总结。一句概括性的提炼、三个村落的叙写、一段学理性的思考、十个部分，一个前言、一个后记。结构十分完美，多少会让人想起但丁《神曲》神奇而又充满宗教象征意义的结构。

汪榕的文字很有画面感，在文本中有大量这样的叙写，如“只是很多土掌房已经显得老旧，有几幢损毁十分厉害，顶部的土夯屋顶已经坍塌，露出黑黑的无人居住的屋洞，一些房屋顶部加盖了一层石棉瓦，用砖头搭成倾斜的简易坡顶……”“在红河县哈尼族蘑菇房的火塘边，哈尼族老人举起一碗酒，放到嘴边咂一口，古老的故事就开始讲述，祖先与外族的争斗，那些吃过的亏、受过的苦、得到的教训，都在故事里一点一点地潜移默化在听故事的后人心里”。读到这些叙写，有两幅画、一首诗就会浮现在我的眼前。两幅画，一幅是梵高的《农鞋》，一幅是现实主义画家米勒的《喂食》。一首诗是十九世纪英国浪漫主义诗人华滋华斯的《孤独的割麦女》。在汪榕的字里行间，也有着满满的人文关怀，但少了海德格尔为《农鞋》写下的那段文字的料峭和沉重，多了些生活的画面、大地的温情、家园的温馨。

这些年读了不少民族学著作与文章。民族学讲故事，深度描述的研究方法在他们的研究成果中总感觉相对刻板，文本中似乎总缺少点什么。阅读汪榕的文章，细细想来，最可贵的一点就是人文关怀和学者的良知。没有了学者的良知和人文关怀，看到的是一堆数字、写进去的是没有温情的事件、缺少的是严谨学术拷问背后的关怀，更不可能有创新和理论建树。

今天的中国乡村正经历前所未有的裂变，背负着厚重的历史，在所谓的现代化道路上摸索、跋涉，正如但丁在《神曲》开篇中描述的一样，远远的透露出曙光，要走向光明，穿过黑森林，需要在理性的引导下，穿过地狱，认知现实，需要经过炼狱，战胜自己，需要信仰，找到人类的终极目标。今天中国的学者，兴许还没有能力建构宏大的文化学、人类学的理论，但却需要回归田野，寻找我们正遗忘的来处，我们赖以生存的家园、故土。

乡村是一本读不尽的大书，而我喜欢汪榕的这本“小”书！

李　炎

2018 年岁末写于盘龙江边住所

我们，为什么还在一起？

是的，世界越来越小了。我们有越来越多的方式，把自己与世界连接在一起。

这个小，是物理空间意义上的。我们穿越大洋去往自己曾经觉得不可企及的国度，只需要短短十多个小时的航程，再具体一点，也许只是ipad上五部最新流行的电影，或者半部并不冗长的电视连续剧。又或者，昨天我还在北京吃着川味水煮鱼，今天我却在看地中海的日落。

物质的世界没有改变，是我们的能力变大了。

地球村真实可感，全球化的步伐快得有些令人咋舌。

世界来到我们眼前，一道道人为的藩篱在消解。我们不再囿于政治与国家的因素，可以单纯地走走看看，我们不再担心路途、语言与食物的口味，谷歌地图、有道词典、百度百科和雷同的各类生活超市几乎能解决我们大部分的旅行难题。当然，一趟国际旅行的花费，不过是北京一两平方米的房价。

可是，兜兜转转一圈回来，发现世界大同小异。

于是向青草更青处漫溯。在苍茫的山岭间，在世外桃源般的边远山村，在那些我们曾经以为离我们很远的尚未命名的族群中，人们一样用微信记录日常，和我们关注同一个公众号，在几乎同样的时间转发同一篇文章，我们都知道一张图的笑点在哪里，时下流行的一句话中，大家会心的梗是什么。

世界的小，也因此呈现在我们内心深处。当我们“宅死在家”的时候，我们依然知道世界上发生了什么，只要我们愿意打开手机，总是不断有新闻框弹出。我们打开朋友圈，不需要独行千里，也知道北京朋友今天在欢庆蓝天如洗，广东的孩子在练英语配音。我们被拉入一个又一个微信群，有时潜水，有时退出，我们选择和自己喜欢的人建群私聊，我们筛选生活的内容或分类朋友圈，我们用尽心机，与这个鸡肋般的APP角力。我们分散在天南海北的朋友家人，以微信群的名义，聚在一起。我们恍惚觉得自己在巨大的世界空洞里找到了自己的同类，透过一方小小的手机屏幕，我们屏蔽自己不喜欢的人，每天关注自己喜欢的人，心生欢喜。但是，我们真的因此不再孤独吗？

我们与世界如此便捷相连，而我们原来的那个世界，我们的城市，我们的小镇，我们的村落，我们鲜活的呼吸和生动的表情，我们促膝的温暖和拥抱的情动，在今天，又该如何连接呢？

我们与他们，真的越来越相同了吗？我们真的可以走到哪里，就聚在哪里吗？

我们真的就能在万千大众中，偏居斗室，凭借网络的无远弗届，过滤出自己的部落，营建自己小小的虚拟乌托邦世界吗？

如果真的是这样，我们，为什么还要在一起？要怎样在一起？

我们为什么住在这里？我们为什么选择和这些人而不是那些人归属同一个社区？我们为什么出走，又为什么回来？我们想要抛弃些什么？我们想要创造些什么？我们又想重建些什么？以及，我们对于故乡还有怎样的观念？70后会说，每个人的故乡都在沦陷。80后会说，我没有故乡。而90后则很有可能淡淡地看着你，漠然地说，故乡是什么？我们走得越远，走得越多，走得越久，就会越发心生恐慌，我们还有魂牵梦绕无法舍弃的地方吗？我们还需要这样的地方吗？我们还能回到这样的地方吗？

如果我说，我们的故乡都在云南，你也许会不以为然地哂笑。

但是我们费尽心力将自己与一片地域、一群人血脉相连，或者我们天生就熟知这里的山川草木，熟知人们一言一行中的喜怒哀乐，再或者，我们在这里穿越阻碍，找到自如宁静的生活，这样的地方，难道不是我们生发的聚落，不是我们锲而不舍，求而不得的故乡吗？这样的地方，可以是我的云南，也可以是你的云南，当然也可以是任何一个我们生息的，像云南一样有故事、情绪和温度的地方。

在云南，地貌复杂，地形多样，这里有雪山草原，有火山温泉，有高山深峡，有明湖激流，有雨林秘境。这里有各种各样不同的人群，他们被划分为不同的民族，有不同的语言、信仰和习俗。这里的丰富和多样令世界瞩目。从前，这里的人们以江河湖海为据点，以森林草甸为家园，以自然的法则规划生计，以简朴的律令和信仰规范道德，不同的群体因此连接在一起，是谓“聚落”。

世界变小了之后，关于云南的言说也越来越多。人们梳理云南历史的、民族的文化因子，人们记录云南消逝的、现存的古老智慧，人们寻找云南和谐与美的真相，人们探寻那么多不同的人，千百年来在你来我往中“大杂居，小聚居”的美好……这样的梳理与记录已经太多太多。

如果今天，我还要言说云南，言说生活在云南这块土地上的人们，为什么曾经在一起，后来也在一起，而现在，他们在悄然发生着怎样的变化，未来的未来，这些血肉相连的人们和民族，他们又将如何彼此影响，彼此消长？言说云南的“聚落”，要怎样才不落窠臼，怎样才是核心，怎样才能见天地，也见众生？

我想，聚落不是单体的建筑，聚落不是简单的物理空间，聚落是人与人连接的方式，所有的聚落都关乎人，关乎人的观念。有些人，他们依着山，或者靠着水，学会了与山水相邻的技巧；有些人在天和地、太阳和月亮中间，建造了自己的房屋，眼前是明澈的星空，脚下是清碧的流水，土木石竹带来温暖，也营建了家的意义；当然，还有一些人遇见了另一些人，他们攀谈，交往，相互学习，取长补短，或者有小小的争执，最后，他们在相邻的地方安下心来……最重要的，这片土地上的所有人，他们的心里住着神，他们的身边住着佛，他们抬头能看见信仰，低头是天地孝亲的宁静。

有人聚集的地方，就有故事。云南的人们聚在一起，就有精彩的故事。

那么，就让我们的言说，从一个一个的故事开始吧！也许，这些小小的故事，会成为我们今天与世界相连的密码呢。

聚居是血缘

人类走出蛮荒，彼此紧密连接的第一要素就是我们的血缘。因为血缘，我们有了父母子女的永恒牵绊，有了兄弟姐妹的亲爱与纠葛，我们有了『家』的观念。

消逝的长房

在刚刚过去的并不遥远的20世纪60年代，西双版纳地区的基诺山上，有一个叫龙帕的寨子。这个寨子的200多名基诺族村民还居住在十座“长房”里。“长房”在基诺语里边被称为“着”或者“的着”，意思是“家”或者“一家子”，也就是说，住在长房里的基诺族，是一家子。

当时龙帕村最大的一座长房，住了13户人家，共计48口人。根据人类学家的调查，这座长房有两层，下层用来饲养家禽和牲畜，上层供家族成员居住。上层有200平米，分为中厅和两侧，中厅安置火塘，两侧为卧室，每间卧室都有门通向中厅，但卧室之间互相不连通，火塘是各个家庭做饭的地方，也是一个小家庭的象征。由于各户人口不同，卧室的大小也不相等，其中最大的一户有8口人，包括大哥夫妇及三个子女、弟弟夫妻和兄弟二人的母亲，他们的卧室面积大约有10多平方米。上层长房靠门的一端有竹篱隔开的门廊，用来存放物品或招待客人临时居住，有些大的门廊会隔出一间作为宗教场所。长房两端有晒台，是供整个长房的人晾晒谷物或衣物的公共空间。

一座长房里各个家庭之间通常有较为密切的亲属关系，他们内部是不能通婚的。一般来说，当长房里的年轻人成家生子，长房的家主就会主持在长房内新隔出一间卧室，新增添一个火塘。长房里的老人故去，也是整个长房的人一同办理治丧祭祀。长房中嫁出去的女儿，如果过得不好，也可以选择回到原来的长房居住，大家并不会排斥。长房里未婚出生的孩子，也会被视为家族成员被抚养长大。基诺族相信长房内所有的成员是同一个祖先传下来的，是一个由血缘因素构成的集体，应该世世代代住在一起。在日常的很多经济活动中互相帮助，共同分享，在面对祖先祭祀、信仰活动和生老病死的人生礼仪时，大家都要承担自己的责任。

传统的基诺族长房采用草木等自然材料建造，形制上借鉴了百越民族的干栏式建

筑风格。囿于材料限制，长房每隔10多年要翻新或重建。长房重建是集体的事情，就像打到野兽也要大家分享一样。人口增加的家族，长房也相应扩大增建，而人丁稀落的家族，长房则会缩小甚至凋零。

龙帕村所在的基诺山位于西双版纳州府景洪城以北，东起小勐养，西至勐仑，方圆600多公里，有40多个基诺族山寨。和其他大多数基诺族一样，龙帕村民依靠少量的旱地耕种、茶叶种植外销、进山狩猎等生产生活方式实现生存繁衍。基诺山分为前半山和后半山，前山后山各有一座父寨和一座母寨，每年特定的日子里，基诺族都要根据自己所在的片区前往父寨和母寨祭祀。对基诺族来说，一个个直系血缘的单体家庭构成了长房这个大家族，一座座长房构成村寨，一个个村寨又来自共同的父寨和母寨，他们共享一座森林茂密的基诺山。

龙帕村的长房现在已然消逝，随着建筑体一次次更新，单体家庭建造了自己独立的居所，古老的茶园在今天为基诺族带来丰厚的收入，经济的独立和私有也消解了以往那种以血缘为纽带的多户人家集中居住形式。在保留了干栏形制的崭新砖混建筑里，基诺族人对外嫁女子的宽容，对未婚生子的认可，对老人逝去时的隆重，对山林土地资源财富的分享……种种留存于他们血液中的隐微观念，正在发生着怎样的变化？

我们如何才能得知？

祖母屋的故事

丽江泸沽湖畔的摩梭人在20世纪90年代一度成为世界关注的焦点。他们被称为“最后的母系部落”“走婚的民族”，吸引了一批又一批学者、政客、游客、文青、艺术人士造访，他们对摩梭人给出自己的定义和认知，并且将这样的定义和认知再扩散开来。于是，摩梭人在这个时代又一次被建构、被误读、被阐释或者过度阐释。

是的，又一次。同样是在并不久远的从前，有人查抄摩梭人的公房，要求走婚的人们明确自己的配偶，到村公所登记，领取符合政策的结婚证。那一次，摩梭人的智慧是，结婚证领了，婚还是走的，日子可以照样过。

但是这一次，情况似乎有些不同。

摩梭人唐代以前就定居在泸沽湖地区，居住在四川境内的摩梭人被划归蒙古族，云南境内的则被划归纳西族。当然，名称上的归属并不是最重要的。重要的是，摩梭人是以母亲为核心，以具有血缘关系的大家庭为基本的居住单元和生产单元，并因为这样的居住方式和生产方式，衍生出一系列摩梭人自己的文化观念和习俗。

传统上，摩梭人终生居住在自己母亲的家屋中，他们一般不分家，几代人共居一个家屋，实行“男不娶，女不嫁”的走婚习俗。摩梭人把大家庭叫作“依都”，指一个具体的住宅以及居住在里面的人们，而这些人往往被认为来自同一个母系血缘。摩梭人一个大家庭少则七八人，多则二三十人，他们共同居住在院落式的木楞房里。院落分为两房、三房或四房，正房只有一层，通常面朝神山，由家中最有威望的祖母居住，被称为“祖母屋”，里面有火塘和神像，是家庭精神和情感的凝聚与象征。

2007年，泸沽湖北岸四川省凉山州境内的摩梭青年平措将自家的祖母屋出售给国外的艺术机构，一座有着近百年历史的摩梭人祖母屋被编号、拆卸经由丽江、昆明，运往北京重新拼装并展出。而平措用出售老祖母屋获得的资金在原来的地方重新修建了一座规模更大，包含了火塘、神龛、男女柱、生死门等更加全面的文化要素的新祖母屋。

拆除、迁移或者新建一座祖母屋，其实都不能说明什么，有形的物质载体只承担文化的一部分，或许是最容易进步也最容易改变的那一部分。而核心是那些曾经在这个物质载体里流淌过的那些话语和声音，燃起过的温暖和希望，以及弥漫过的那些忧伤和痛苦。随着旅游业发展，大量外来的文化观念和经济模式影响着摩梭人，他们掌握了一套应对他者的技巧，走在每个人自己选择的，并认为正确的道路上。

我们能说些什么呢？

滮水岩村的蜕变

进入滮水岩村的时候，我很难想象村落从前的样子。

宽阔的道路直抵村口，雄伟的寨门巍然矗立，数十幢崭新的房屋镶嵌在碧绿的山野间。屋顶上铺了薄薄的茅草，似乎想在钢混建筑上竭力彰示哈尼族蘑菇房的些许特色。村口的几户人家开着店铺，卖些吃的。一幢挂着“瀑布酒家”牌匾的房子门前，三五个裹着头巾的妇女在蹲着闲聊，一群孩子围在边上玩耍。

沿着整洁宽敞的青石板道路往里走，顺着山势有些坡度，两侧的房屋整齐划一，无疑是统一规划、统一建设的样貌。70多户人家的村庄不大，很快就走到了村子尽头的广场。广场十分宽阔，东侧是退台叠水景观，景观上面有幢独立的屋子，屋子里空荡荡的，有一个巨大的水碓。水碓没法转动，也没有引入水流，就这么死气沉沉、孤零零地在屋子里立着。

这是一个群山环抱里古老的村落，却又是一个全新的旅游景区。

滮水岩村所在的红河州金平县马鞍底乡中寨村委会是一个传统的哈尼族彝族等民族聚居区，这里东、西与越南接壤，南与地西北、中梁村相连，北部接普玛村，地域面积39.63平方公里，每平方公里159.4人。村委会驻地海拔1250米。辖黄家寨、滮水岩、老寨、小寨、新寨、太平村、新路寨、苗寨、坡头、马鹿塘、闸门和闸门中寨12个村民小组。滮水岩村全村均为哈尼族，有70户人家。

村子因村落西边一道雄伟壮观的滮水岩瀑布得名。滮水岩瀑布是马鞍底乡五台山东南面太平河上游流水顺山道冲刷形成的。在满山碧绿的原始森林中，一束洁白的巨流奔腾而下，在青墨色坚硬的岩石上欢腾跳跃，你追我赶地奔向悬崖下的深潭。潭里的水流顺着山涧流淌，溪流边修建了简单的栈道，顺着栈道可以走到村口，大约是两三公里的脚程。一路上植物繁茂，物种繁多，常常有新奇的昆虫引来游人的赞叹。花花绿绿的苔藓、形态各异的植物叶子、自由绽放的各种小花……书写这一路的生机盎然。

(Faith Tree)

在瀑布下回望村庄，我的脑海里终于浮现出一幅澎水岩村本来的样子。在如画的美景里，哈尼族走过苍茫的山岭，在林木丛生的瀑布之畔，头人抛起石头，石头滚动，落定。村里人知道，这里，就是澎水岩村的寨心。人们用长刀劈开灌木，用锄头平整土地和道路，砍来木头割来茅草搭建房屋。西边那一片茂密的树林，是神灵居住的场所，哈

尼人轻易不会惊扰，东边那一片山地，有汩汩流水，一层一层的稻田便沿阶而上。南边有一片草场，牛羊在这里悠然。村子里的哈尼人，抬头看见瀑布，低头有稻花吐蕊的芬芳。农历二月祭龙的时候，大家感谢祖先庇护，祈祷神灵眷顾，摆开长长的流水宴席，整个村子就像一家人，吃一顿热热闹闹的长街宴。

这样的日子过了很多年，有一天，有外面的人来到，他们看见这令人惊异的世外村庄，看见这里碧绿的原始森林，看见每年六月数以亿计的箭环蝶在竹林间旋转舞蹈，看见叠水、轻雾、流岚辉映的风景。他们想，这里真是一个好地方啊。于是，2013年，汽车沿着新修的道路通畅抵达，漉水岩村作为“中国·红河蝴蝶谷”旅游线路上重要文化景观“哈尼民俗文化特色村”的蜕变之路拉开序幕。

70户人家搬进了70幢新式小楼，村庄干净美丽，鸡鸣狗吠猪叫声都随着村规禁止消失，液化灶取代了柴火，卫生间取代了厕所。竜树林作为文化特色被保留下来，哈尼族传统歌舞有时会在广场上展演，游客多的时候，大家会在夜晚组织一场篝火舞蹈。蝴蝶翻飞的季节，村落就应景做一顿如团队餐一般的长街宴。

从传统农耕生活方式，走向民俗村旅游开发与接待，不是每个漉水岩村的村民都能适应良好。村子里年轻的能人陈雄华能拉来游客，组织活动，有人羡慕他，更多的人对他报以期望，选他做漉水岩村旅游合作社的理事长。陈雄华把自己的小楼命名为“蝶梯家园”，这是一间瀑布下的客栈，也是陈雄华三代人共同的家。陈雄华的母亲穿着哈尼族传统服饰，在屋子旁边的梯田里插秧，一拢一拢青翠的稻秧在她身后铺展，远处是苍翠的山，瀑布如白练倾泻，有轰鸣的水声。老人上了些年纪，气质里有淡定不受惊扰的从容。

我想，这位母亲，是漉水岩村最美的风景。

离离

除了基诺族和摩梭人，德昂族、布朗族、景颇族、拉祜族、佤族等云南少数民族都曾经有过以血缘为纽带，大家庭居住在一起的历史。他们中的很多人曾经以“直过民族”的身份，在近乎失语的状态下面对世界对他们的改造，有些茫然又有些狡黠地适应新的生活方式。

内部具有氏族亲属关系的血缘族群，通过群居的大房屋、中心广场、公共房屋、周边围合的界限，塑造了人类聚落最初的样子。以牢固的血缘构成的稳定聚落，曾经在世界各个地区各个民族发展的历程中十分普遍。随后，血缘聚落走向家族聚落，成为一群家庭和家族世代相传、生生不息的整体，很多村落内部的家庭之间有着直系、旁系或姻亲的亲缘关系，一个村落由一个或几个大姓组成，都是血缘聚落的遗存。今天，纯粹的血缘聚落在世界范围内已经成为孤例或个案，人类聚落正在加速度变迁，但血缘给聚落带来的潜在影响依然存在，有的时候甚至十分强大。

当家庭越来越小，小到只有一个人、两个人或者三个人时，我们赢得了前所未有的自我与自由，我们不再将自己与悠远的祖先或莫名的规则捆绑在一起，那些因血缘而生的聚落也已经渐行渐远。大家庭里或许有纷争，或许有不公，或许有阴翳，但是伴随着纷争、不公、阴翳的消逝，那些责任、温暖、守望相助不应该也随之慢慢消逝，不是吗？

然而，这一切已经不再重要。

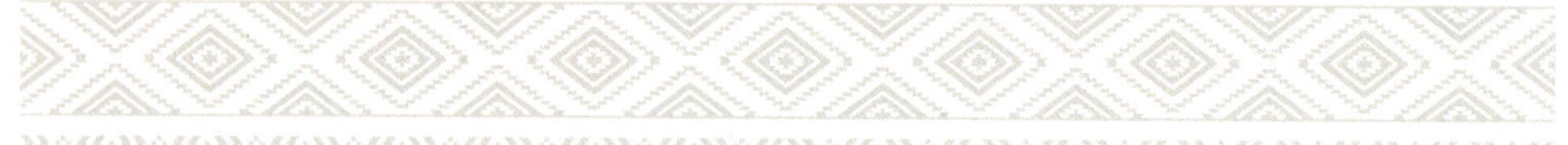

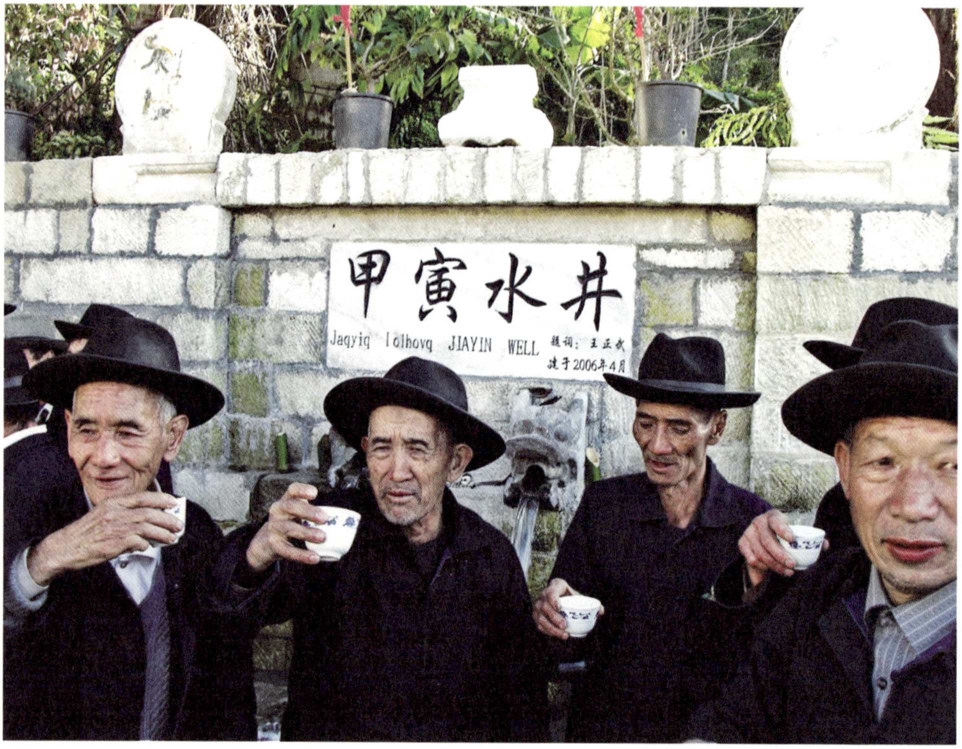
甲寅水井
Jaqyiq Iolhovq JIAYIN WELL
题词：王正武
建于2006年4月

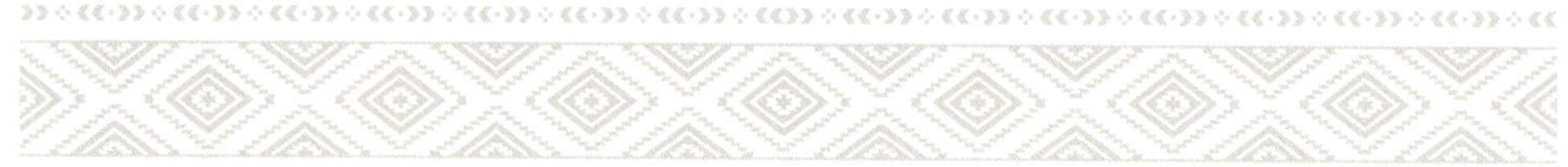

聚落是迁徙

我们以为聚落是固定的，常常忘了聚落也可以是流动的，尤其是当这个世界可以提供给一个族群或群体更少流转地域的时候。如今我们的迁徙往往以个人或家庭的形式呈现，而那些大规模的整体性迁徙的故事还在流传，未来会不会再次发生呢？

大家来“目瑙纵歌”

德宏州陇川县景罕镇罕等村广外上组的村民石玛丁坐在自己家里西边房间的地上，正在织一块新的景颇族包头巾。在景颇族一年一度的目瑙纵歌节上，所有的景颇族男女都要身着传统的景颇族节日盛装，参加这场盛大的活动。包头是景颇族男女服饰中必不可少的部分，逢年过节的时候，对包头的需求也会增加。石玛丁是村落远近闻名的织锦能手，常常接受村民和政府的委托为大家赶制景颇族的包头、挎包和筒裙等传统纺织物品。

石玛丁家所在的村民小组是一个整体搬迁的移民村落，房屋的形制是简单的混凝土砖瓦单层建筑，除了村口的寨门外，整个村子并没有刻意凸显景颇族村落和住屋的民族文化特征。这样的情况在德宏州并不鲜见。长期以来，景颇族村寨多建在海拔1500米到2000米高的山区或半山区，寨子依山就势建于靠近水源的山脊或顺山的坡地，通往村落的道路随山势蜿蜒曲折，村寨山林茂密，植被丰厚，溪流淙淙，翠竹环绕，房舍疏朗地散落在林中各处。过去，居住在山林中的景颇族在山涧溪流中捕捉鱼虾螃蟹，用铜炮枪猎杀马鹿、麂子、山鸽、野鸡等野味。

随着环境的变化，捕捞狩猎的生产方式渐行渐远，植被减少、生产方式单一使得很多景颇族村寨面临贫困、疾病的困扰，很多村落整体处于泥石流等自然灾害的威胁之中。为了改善生活条件、脱离贫困、远离疾病，很多景颇族村寨会自发或者在政府的帮助和鼓励下搬迁到平坝或交通便捷、临近城镇的地方，形成新的村落。这些新的村落有时存在与附近原有其他民族村落争夺土地、森林、水资源的情况，因而村寨住屋大多十分紧凑集中，耕地和林地少且离居住地较远。

事实上，流动与迁徙对景颇族来说并不陌生。景颇族古老的创世史诗《目瑙斋瓦》曾经以吟唱的方式记载了这个古老民族从青藏高原一路向南迁移的漫长历史。在景

颇语里，“目瑙”是舞蹈的意思，“斋瓦”则有两层含义，一层是用歌的形式来吟唱历史，指吟唱的行为和过程；一层是指以歌的形式吟唱历史的歌手即吟唱者。“目瑙斋瓦”合起来可以简单地理解为景颇族“历史的歌”。已故的沙万福先生是德宏地区最著名的景颇族大斋瓦，他能以惊人的记忆力和忍耐力吟唱最为完整的《目瑙斋瓦》，今天我们看到的以景颇文及翻译的汉文形式出版的《目瑙斋瓦》就是在沙万福老师口头吟唱的基础上整理翻译而成的。

景颇族从青藏高原沿横断山脉进入滇西北地区的时间不可考，据学者推算应该早在一千多年前。景颇族走过大山大河，经历过战争饥荒疾病，在困顿与艰难中，景颇族磨炼出豪爽铿锵的性格。在目瑙纵歌的广场上，他们在“瑙双”或“斋瓦”的带领下，华服盛装、神情庄重、手持兵戈，以蜿蜒的舞蹈线路回溯祖先迁徙的征程。

要举行目瑙纵歌的盛会，首先要选择一块风水良好的吉祥之地作为目瑙场地。以往，目瑙纵歌的场所都是临时开辟的，主持当年目瑙纵歌的头人或家庭选择交通便捷、位置开阔、地面平坦的地区，平整土地，用竹篱围出圆形舞场，在舞场中央树立目瑙示栋，通常位于开阔的地方，土地平整，水源方便。目瑙示栋一般由四根柱子组成，底部有基座。中间两根柱子象征雄性和太阳，两侧的柱子象征雌性和月亮，四根柱子上交错的曲线表示景颇族走过的漫长的迁徙路线，也是目瑙纵歌的舞谱。可以说目瑙示栋是景颇族最神圣的祭坛，也是他们精神和灵魂皈依的所在。20世纪80年代以后，德宏州有了逐渐增加的固定和永久的目瑙纵歌场，流徙的景颇族一天天走向安定。

因着目瑙纵这样的歌，因着目瑙纵这样的舞，景颇族在苍茫的流徙过程中，于民族的缝隙间寻得生存的空间，凝结一个民族的过往与现在。就算他们换了住所、创了文字、改了生计，只要立起目瑙示栋，建成歌舞的目瑙场，景颇族人就有了物理的聚落，也有了历史与文化的空间。

唱一段迁徙的歌

“今晚的月光这样明亮，蘑菇房里的人们像过六月年一样欢腾；我们正合唱一唱，先祖怎样出世，我们正合讲一讲，先祖走过什么路程，每支歌都是先祖传下来的，是先祖借我的舌头把它传给后代子孙。”围坐在火塘边，哈尼族的歌者贝玛开始讲唱祖先的故事。在古老的哈尼族口传史诗《哈尼阿培聪坡坡》的讲述里，哈尼祖先从最早的聚居地“虎尼虎那”一路迁徙，住过了“什虽湖”“嘎鲁嘎则”“惹罗普楚”“诺马阿美”“色厄作娘”“谷哈密查”，走到了今天红河两岸的聚居地，经历了7次迁徙，曾在8个地点居留。这不仅是一部哈尼族生存繁衍迁徙的历史，同样是一部哈尼族聚落营建的历史。

哈尼先民在远古的长着红色、黑色石头的高山“虎尼虎那”生活了很多年，由于资源匮乏不得不开始了民族史上的第一次迁徙之路，来到了“什虽湖”，他们在这里开始了原始农业，从事采集和狩猎，在放火烧山打猎的时候，引发了山火，只得再次迁徙到“嘎鲁嘎则”，在“嘎鲁嘎则”，哈尼与一个叫作“阿撮”的民族比邻而居。好景不长，阿撮头人的妻子死了，阿撮归罪于哈尼先民，哈尼人继续走到了“惹罗普楚”，开始了定居农耕的生活。这一次是瘟疫迫使哈尼人离开，“诺马阿美”是他们生活得最久的地方，积累了十三代哈尼人的力量，却在与“腊伯”人的战争中失败了。后来，哈尼人到过“色厄作娘”“谷哈密查”，最后才走到今天的哀牢山地区。

现实中的哈尼族迁徙过程远比歌里唱述的要波折和复杂，从一座山到另一座山，跨过一条河到另一条河，离开一个村落，在新的地方再建一个村落，遇见一个又一个其他的部落和族群，有些友好，有些不善，有人施予援手，有人用了诡计……哈尼族就这样一路走啊走，走过了很多代。

在行走的过程中，哈尼族恪守着建立聚落的一些传统。“遮拟做成木栏，树桩围在四方，木栏里野猪野马一处吃草，木栏里野牛野羊一处游逛，野鸡野鸭也关进来，野狗

野猫成了同乡。一年两年过去了，动物分出野生家养”，描述的是从狩猎到畜牧的变迁；“人哥哥怕鬼兄弟，单家独户不会在，十人搬拢在一处，十个人才打得赢一个鬼，百个人搬拢在一处，百个人才打得赢十个鬼”，迁徙流荡的民族，要团结起来才能生存；“人要在得稳，就要住下来，人要在得牢，就要安寨子，寨子是人和鬼的界限，寨子把人和鬼来隔开”，哈尼族希望过安稳的生活，他们选址定寨，占卜吉凶，测定寨心，确定人和鬼的界限。寨心是寨子的心脏，也是生命的中心，关系村寨的吉凶祸福。在哈尼族村寨中，寨心的标志一般就是祭师莫批的住房。除了寨心，哈尼族村寨还有一个重要的组成部分是寨门，寨门是鬼神和人间的分界，有寨门的区隔，鬼神和人就能相安无事，村寨和平安宁。

也许对于哈尼族人来说，迁徙并不是一件可怕的事，我们看起来是区隔，或者正好恰恰是某种连接。无论他们走过了多么远的路，哪怕他们的生计方式从狩猎变成稻作，但他们仍然是聚在一起的一群人，甚至他们的神和鬼也是一路走来未曾离开。在寨头的神林安顿护佑村寨的“昂突”，在寨尾的树林安放祖先的灵魂，神灵和先祖便随着村子里的人一道走来，一道住下了。甚至，狗血和寨门隔开的鬼和豺狼，也是相伴哈尼族的恐惧与禁忌，他们尾随而来，族人总是可以用同样的方法来对付他们。于是，哈尼族在不同的地方，营建了同样的世界，有同样的神灵、同样的人们，也有同样的危险与化解。

在哈尼族的传说里，塔婆是人类的始祖，她生养了世人，在她的头发里，生出了住在白云山顶上的人，在她的鼻根上，生出了在高山上骑马的人，而塔婆最心疼的哈尼族生在肚脐眼里，祖祖辈辈不受风霜。所以，哈尼族的寨子常常会选择建在肚脐一样的山坳里。哈尼村寨的“凹塘”周围林木茂盛，在寨头的神山上，有一片浓密的树林，是哈尼族的神林，既是神圣的祭祀场所，也起到涵养水源的实际效用。

一路走来，哈尼族要不断舍弃，也要不断地对新的居住地实现认同。这个痛苦的心理过程因为有神灵的指引和陪伴而得到缓解。新的村寨落成之前，村落的头人会通过隆重的仪式询问神灵，选定的寨基是否吉祥。据说他们用三颗贝壳立在寨心来占卜，一颗是子孙繁盛的预兆，一颗是禾苗茁壮丰收的象征，一颗是牲畜兴旺的象征。经历三天的风雨，贝壳没有倾倒，象征着神灵指示这块土地可以让大家安顿。选定了寨基之后，哈尼族杀死黑狗，将狗血淋绕寨子一圈。“鲜红的狗血是天神的寨墙，它把人鬼分成两边；黑亮的血迹是地神的宝刀，它把豺狼虎豹阻挡。”

经过了这样的仪式，村寨就是安全的，迁徙也因此不再可怕。

新安所的一条枪

新安所一看就是有故事的地方。

这里有古镇的嘈杂和热闹。人流熙熙攘攘，摩托车、三轮车突突突地响着，有时又随意地停在路边，推婴儿车的女子穿着拖鞋，施施然买了个包子，转身走了，闲适得像在自家的客厅。

也有几条冷清的巷道，临街的老房子关门闭户，斑驳的木头门窗在清晨的阳光下仿佛中了魔咒般依然在静静沉睡。新安所镇文化服务中心的梁外芬主任熟悉新安所的每一幢古建筑，她带我们走进这些梦境里的古老故事。

在当地，有"先有新安所，后有蒙自城"的说法，蒙自城在民间被称为"兵城"，自古以来就是驻军的场所。新安所建城的传说最早可以追溯到公元前109年的西汉时期。当然，2000多年前的事情毕竟太过遥远，也难觅根迹。在新安所人构拟并相信的历史里，北宋杨家将杨业的孙子杨文广南征的时候，就曾在新安所驻扎练兵，今天的新安所居民，就是当年随杨文广南征的部队后裔。新安所的点将台、练兵场都可以历历追溯杨将军的忠勇。元朝新安所亦是南方抗击越南象兵的重要屏障。据史料记载，公元1508年（明正德年间），设立了新安守御千户所，是明朝云南36卫所之一。今天说起祖上的渊源，老人们会略带自豪地宣布祖上来自南京，那里曾是明朝的都城。事实上，直到清末，新安所乃至整个蒙自地区的汉族人口都少于当地的少数民族。随着近百年人口的大量迁徙，汉族人口才呈现越来越多的态势。

这些遗落在遥远边地的汉族，除了遥想自己久远的先祖和漫长的征战迁徙之路，不得不在全新的地方植根。一方面，他们承担着护卫中原，心向皇朝的使命，一方面也要赢得当地民族的包容和支持，获得彼此的谅解和帮助。而新安所就是汉族移民屯垦兵士近千年来迁徙、驻扎、屯垦的重要写照和典范样本。新安所镇境内还保留有众多

的防御保卫性能的军事古迹，现存明清历史街道11条，军事遗址5处，保留有古民居68座、古石碑23处、古寺庙9座和众多古戏台、古商铺、古驿道，新安所的地名还带有显著的军屯特点，诸如城内街、南屯街、扎下街、将台、校场等。

新安所最具特色的是独特的"一条枪"式民居建筑。在冷清的扎下街，随意走进一户院子，并不高大的院门，细而长的甬道，甬道两侧是低矮的隔间，隔间独立，有门和窗，面积很小，约三、四平方米，每侧大约有这样的隔间3个到5个不等。梁外芬告诉我们，这些隔间就是士兵住的地方，像营房一样。一般来说，在当地娶妻生子的屯田士兵也是住在这样紧凑的空间里，除非孩子大了，再想办法增建房屋。建筑内部会有一间堂屋，是公共空间，也做议事场所。每一幢这样的建筑都由细长的甬道贯通前后，与其他建筑相连通，一旦有重要的军事活动，士兵就能顺着甬道通过后门迅速集结。因而，一幢建筑不仅在形式上很像一条长枪，在战斗力上也是威力无比的"一条枪"。

除了种田屯兵以外，迁徙而来的新安所人还需要拓展其他的技能，才能在资源、民族和战争的缝隙间生存下来。经商是新安所人的另一项传统，他们从事很多日常生活的商业服务，比如加工贩卖农副产品、经营简单的日常餐饮小吃、制作及修理日常生产生活用具、建房修缮木雕帮工等等。这样的生活状态养成了新安所人勤劳智慧、思维活跃、善于应变又勇敢坚毅的特点。

新安所现在面临的最大问题依然是迁徙。很多老屋原来的住户已经迁走了，旁边的蒙自城有很多拔地而起的高楼，宽敞明亮、厨房卫生间卧室一应俱全，十分方便，更重要的是，居住在城里有很多说不清道不明的时尚、身份、地位、成就潜藏其间。扎下街的很多老屋由于无人居住，缺少养护，日渐倾坏，墙倒屋斜，荒草丛生。熟悉新安所每一幢房屋情况的梁外芬告诉我们，新安所古民居的修复面临很多问题，除了资金不足以外，这些建筑物的产权不明晰也是一个巨大的历史遗留问题，一幢古民居可能归属多个产权主体，有些产权所有人甚至无法联系上，修缮养护的职责权利很难厘清。因此，政府只能优先修缮那些文物价值高、权利主体明确的公共建筑。

院落里有砍木头的声音传出来，我们走进去，几个赤膊男子正在洒满阳光的院落里费力地刨木头，雕花窗格刚刚换上了新的木槽，这是正在修复当中的新安所核心建筑之一武庙。作为新安所屯兵文化的重要象征，新安所武庙一度被用作新安所镇的粮仓，建筑格局、装饰和用途都发生了很大变化，其中几个院落还被划归隔壁的住户。今天，我们仿佛又可以看见负载新安所人精神和信仰的东西在生长，虽然困难重重，但毕竟在破土萌芽。

跋涉

定居是常态，迁徙也是常态。人类的聚落有短暂或长久的安歇，也有不断的流动和迁移。云南是重要的民族迁徙走廊，很多民族从远古时候开始，就在高山深峡里不断行走，选择自己停留居住的地方。也会由于环境、生态、资源、信仰、疾病、战争、民族关系等种种原因而不断迁回或离开。

很多民族的聚落在迁徙中变得凌乱而分散，甚至失去了大的定居点，散落在偏远的高山深峡或者是其他族际边缘。他们有形的聚落往往仓促而潦草，积聚的物质财富也常常烟消云散。但也恰恰是在漫长而久远的迁徙途中，这些民族无形的聚落却变得明晰，他们强化了内心的情绪与感受，有些虽不足为外人道，却成为族群内部凝聚的力量。迁徙的族群吸纳、调适、补充、变革，却也在尽力维护和珍藏他们原本的来处，用舞蹈、用歌唱、用服饰、用建筑、用仪式……

苗族、瑶族、傣族、回族等很多民族都有如此这般的迁徙与跋涉，也留下了许多让人叹让人吟的故事。今天的我们，也常常会主动或被动地走上迁徙之路，在每一个背井离乡的时刻与段落里，我们又是怎样勾连他们和我们、过去与现在的呢？

聚落是生计

近山的民族有山的智慧，临水的人群有水的性格，隐没于森林中的舞蹈总是带着些神秘，雪原上的歌声则恣肆张扬。最初，人们因为对自然资源的获取而形成聚落，后来，聚落的生活方式又塑造了地域性格。

绕山十年

找到传说中西双版纳布朗族聚居的章朗村并不容易，幸好有勐海县西定乡的朋友带路，我们在中缅交界处布朗山弯弯曲曲的山路上走了大约60多公里，才找到这个隐秘的世外桃源。章朗有200多户人家，是当地最大的布朗族聚居村寨，也是布朗族历史文化保存得最完整的地方。布朗族是西双版纳最古老的世居民族之一，他们的祖先是古老的“濮人”，喜欢生活在山区，以种植、采集和狩猎为生。

三十年前，这里的布朗族还保留着刀耕火种的习俗。刀耕火种是一种古老的生产方式，据有关资料记载，早在新石器时代，云南的少数民族就开始通过刀耕火种来发展种植农业。其生产过程包括砍伐林地开荒、烧荒、种植和管理的一系列过程，在生产工具不发达的时代，人们只能砍伐林地上较小的树木、灌木和茅草，大树不会被砍伐或烧

死，来年还能再度生长，从而保持了森林的延续。

云南从事刀耕火种的民族很多，主要是居住在云南南部山区半山区的哈尼族、布朗族、拉祜族、彝族、基诺族、瑶族、佤族等民族。由于山区地势陡峭、沟壑纵横、森林茂密，没有发展水田灌溉农业的条件，通过刀耕火种种植旱地作物就成为这些民族重要的谋生手段和生产方式。云南大学的尹绍亭先生是最早全面研究刀耕火种的学者，他深入细致地调查了布朗山布朗族刀耕火种的生产方式，较为系统地澄清了人们对刀耕火种的一些误解。对布朗族而言，刀耕火种是一种传承了数千年，最能适应山区土地耕作的一整套十分复杂和相对成熟的农业形态。它的文化生态内容并不亚于坝区灌溉农业。

布朗族每年在山地里耕种都会慎重地选择时节，有规划地烧荒耕作，并不是在原始森林里漫无目的地放火烧荒，严格地说，他们烧的是轮歇的山地。刀耕火种开垦的耕地通常第一年土壤肥力较足，第二年就没什么肥力了，第三年则很可能没有收成。所以布朗族所开垦的林地一般只种一两年就停种丢荒，再另选山地重新开垦，让土地自然恢复肥力，才能保持作物的收成。由于耕地不断丢荒，不断新开，人们常常随着耕地搬迁，到便于耕种、管理和收获的山地边居住，出现了人随山转的游耕现象。现在的布朗族通常以村寨为单位，把全村的山地分成一定的份数，通常是10份，然后每年种一份，其余的地则抛荒轮歇，10年一个轮回，从而走向相对固定的定耕和定居。

砍林烧荒之后，就要在土地里点种，传说早期的布朗族先民不知道选择播种的时机，烧荒之后就把种子撒播在土地上，结果还没等到种子发芽，小鸟和地鼠就来吃种子，山坡又陡，下雨的时候种子又被雨水冲走了。于是人们就用木棍、竹矛等工具在土地上刨个小坑，把种子放在里面，后来还在木棍、竹矛上端装上铁尖或弯钩，有利于凿坑。凿穴点播后的旱谷有了一定的植株间距，便于作物生长和管理，提高了生产效率。刀耕火种播种的作物，靠雨水灌溉，靠林地的自然肥力和焚烧草木的灰烬作为肥料。烧荒的时候，每项工序都有一定的规则，比如清理放火道，以免山火烧过界。烧荒的时候，山地上的树木要留下树桩或树根，便于将来再生。经过烧荒的土地有草木灰做肥力和改良本来呈酸性的土壤，大火还能把杂草的种子和虫卵烧死，种植的作物就能免受杂草和害虫的侵扰。

除了在山地里种植旱稻，布朗族还种植了很多茶叶、橡胶等经济林木，随着生产技术的进步和经济林木价值的提高，布朗族的生活水平也有了巨大的提升，刀耕火种的生产方式也渐行渐远，只留下古老先民与自然相伴相生的生态理念在西双版纳悠悠传扬。布朗族的聚落方式也从以前根据生产生活方式，绕山而转的游居，转化成在一定范围内聚居而逐渐稳定成为有固定村落、固定组织形式的布朗族村寨。大部分西双版纳州的布朗族都居住在布朗山地区，这里的夜晚安静而神秘，劳作一天之后的布朗族拨动自制的四弦琴，围着火塘边弹边唱，一个民族聚落的情感、历史、文化就都悠扬在这高高低低的布朗族弹唱里了。

曼飞龙寨地处景洪市大勐龙镇曼飞龙塔所在的山脚下，村前道路两旁，是大片大片的稻田，春天嫩绿，秋天金黄，一年四季变换着秀美的田园风光。村口的佛寺广场是热闹的社交中心，清晨是葱绿新鲜的生态蔬菜集市，下午有冰爽的柠檬水、西米露、凉米粉等小吃，傍晚则充溢着傣味烧烤的奇香。穿过小小的村落集市，走进婆娑的凤尾竹林，青灰色的传统傣族干栏式建筑若隐若现，大青树比比皆是，满眼都是郁郁葱葱的碧绿。

每年傣历的九月十五日(大约在农历六月中旬)之后的三个月时间，是西双版纳的关门节，也是南传佛教的“夏雨安居”期，在此期间，人们要减少外出，僧侣要潜心修行，村里的老年人要定期到佛寺礼佛。这个季节也是稻谷抽穗结实的重要时期，人们通过念佛祭祀，既祈愿家族平安兴旺，也祈祷田里的秧苗长势良好，免遭病虫的侵害，从而获得一年的好收成。对于农耕民族来说，风调雨顺是他们最大的期盼。

雨季过去，金秋十月，金黄色的稻谷终于成熟了，西双版纳的稻谷谷粒又大又长，谷穗也特别长，沉甸甸的稻穗让看见的人都心生喜悦，稻田里洋溢着浓郁的稻香。天气晴好的时候，人们要尽快抢收，将成熟的稻谷割下晒干。曼飞龙的村民们结成互相帮助的劳动小组，开始一块稻田一块稻田地收割，割下来的稻谷整齐地排在稻田里晒着，像一幅幅精美的油画。黄昏，拖拉机突突突地响着，大家把田里的稻谷收集起来，架在拖拉机上，满载而归。等所有的稻谷都收割完，傣族人热闹盛大的开门节也就到来了。

我国水稻种植的起源地主要在华南、广西和云南南部等古代百越民族居住的地区，西双版纳是重要的稻作发源地，是最早发现和利用野生稻的地区之一。西双版纳还是我国水稻物种的种质基因库，稻谷品种繁多，很多野生稻种都是西双版纳所独

有。由于生态良好，自然地理气候优越，许多地方早已绝迹的野生稻，在西双版纳的许多低海拔河谷盆地内仍有生长。生活在西双版纳的傣族通常居住在河谷平坝地区，地势平坦，水源丰富，高温多雨，自然环境和气候条件都非常适合发展灌溉农业。

傣族民间故事中关于稻谷的传说非常多，有一种说法就是原来的稻谷非常大，而且长在山上，巨大的稻谷成熟了之后，就会自己滚到山下给人们食用。但是后来人们觉得稻谷太大了，保存和食用都很不方便，就把稻谷打碎了，所以稻谷就变成了现在的样子。这个传说揭示了稻谷从山上的旱稻向平坝地区的水稻转变的过程。很多山地民族依然在种植旱稻，而傣族很早就能开垦水田种植水稻，发展灌溉农业，积累了丰富的水稻栽培和管理经验。

除了水稻，曼飞龙寨的村民还非常善于种植鲜花、水果和蔬菜。1930年，姚荷生在《水摆夷风土记》里写到傣族是“爱花爱笑的民族”。的确如此，傣族喜欢在房前屋后的院子里栽种各种各样的花卉或果树，花朵们姹紫嫣红，迎风招展，各种果树风姿绰约，亭亭玉立，将西双版纳装点出别样风情。

在传说里，西双版纳是一个插根筷子都能发芽的地方，由于土壤肥沃，阳光充足，西双版纳的水果成熟快、产量大，果肉中的水分和糖分都非常高，十分好吃。走进西双版纳任何一个傣族村寨，都会遇到一场水果的盛宴，又甜又沙的西瓜春天里就能上市，香蕉一年四季都能吃到。大大小小的芒果和木瓜，青的时候能凉拌成酸酸辣辣的味道，黄的时候甜得让人咂舌。菠萝长满了山坡，椰子一大串一大串地挂在高高的树上，让人垂涎，还有红艳艳的火龙果，甜甜脆脆的青枣，在田野上星星点点火红的草莓……热带雨林里丰富的经济果林种类既能为当地提供丰富的物产，又营造了一个个四季飘香的生态花园。

茶是哈尼族人生最初的味道

西双版纳南糯山哈尼族支系僾尼人生孩子时，家里的长者会事先煨好一壶滚烫的小土锅茶，婴儿出生后，第一件事就是祖母含一口茶水洗去孩子脸上的污血，哈尼族人生最初的味道，就是味苦回甘的茶味，从此以后，哈尼族的一生便与茶结下了不解之缘。茶是哈尼族每天不可或缺的饮品，是他们生病时最便捷最简单的药物，茶还是哈尼族与神灵相通的媒介之一。吃饭之前，哈尼族会滴三滴茶水，表示对神的恭敬，结婚的时候，案桌上茶叶必不可少。寨子里办丧事时，人们会从烧好的大锅茶水里舀出一盅茶汤，滴三滴之后喝下去，一来表示对各路神灵的尊敬，二来通过茶叶驱鬼辟邪，隔绝恶鬼和幽灵。在哈尼族的传说里，茶叶的发现是一个偶然。有一个年轻勇敢的哈尼族青年有一次在山里猎到一只豹子，他就用大锅煮了邀请全村人来分享。村民们边吃边唱歌跳舞，十分欢乐。热闹了整整一个通宵之后，大家觉得口干舌燥，就在树下烧了一锅开水，这时一阵大风把许多树叶吹到锅里，开水变成了黄绿色，人们喝了这种黄绿色的开水后，觉得苦中带甜，清香爽口，就把这种树叶叫作“糯博”，也就是茶叶。

哈尼族被称为“山坡上的民族”，他们喜欢居住在海拔1200米到2000米的山岭地区，气候湿润，秋冬季节云雾深厚，非常适合茶叶的生长。在西双版纳，只要是有哈尼族居住的地方，都会有茶园。哈尼族聚居的半坡老寨位于勐海镇格朗和乡南糯山海拔1650米的南糯山上，全村只有20多户居民，房屋散落在山坡上的茶树和凤尾竹间，错落有致。村里家家户户都有自己的茶园，热情好客的哈尼族总是煮新鲜的竹筒茶招待客人。通往半坡老寨的小路风光旖旎，晨雾中的山岭空气清新，林中的小鸟不时啼唱，很多千年古茶树依然枝繁叶茂，嫩绿的新芽齐刷刷地生长着，生机勃勃。寨子里的哈尼族女孩踩着露水上山，爬到高高的古茶树上，采下这一年新春茶树刚刚发出的嫩芽。她们总是会将其中最鲜嫩的部分，放在竹席上揉软搓茸，配上黄果叶、酸笋、蚂蚁蛋、大蒜、辣椒和盐，做出一碗提神开胃的凉拌茶。

半坡老寨附近有一座瀑布，虽然规模不大，但雨季的时候，瀑布跌落发出的冲击声传得很远，历史上哈尼族便把半坡老寨叫作“蹉山铺”，意思就是“瀑布神寨”。如今，这个古老的哈尼族寨名已经渐渐不为人知，人们更多是为了半坡老寨周围上千亩的古茶园而慕名前来。这里有一棵最古老的人工栽培茶树，据推测有800多年的历史，被人们誉为“茶树王”，南糯山也因此被认为是世界茶叶的发源地之一。大量的历史资料和近代调查研究的材料表明，中国是茶树的原产地，是茶文化的发源地，并且可以确证，中国的西南地区，尤其是云南南部和西南部是茶树原产地的中心区域。中国神话传说中神农尝百草，“日遇七十二毒，得茶而解之”，茶叶使用的起源可追溯到6000多年前。东晋常璩在《华阳国志》中有这样的记载，“武王既克殷，……上植五谷，牲具六畜，桑、蚕、麻、纻、鱼、盐、铜、铁、丹、漆、茶、蜜……皆纳贡之。”唐代陆羽也在《茶经》中写道：“茶者，南方之嘉木也。一尺、二尺乃至数十尺；其巴山峡川有两人合抱者，伐而掇之。”说明我国尤其是我国西南地区早在3000多年前就已经开始栽培和利用茶树了。

寨子里的老人最喜欢喝土锅茶。据说最早哈尼族是将茶当作药来用的，茶叶内含的一些消炎解毒的物质仅靠冲泡无法完全渗出，经过熬煮则效果更好，于是哈尼族便养成了喝煮茶的习俗。早晨起来，家里的老人就会把装有泉水的土锅放在火塘上，用大火把水烧开，放入茶叶煨煮五六分钟，再拿竹勺把茶水舀到同样是竹制的茶杯里饮用。外出劳作的时候，哈尼族会就地取材，砍一节竹筒，装入山泉水，放上茶叶，将竹筒拿到火堆地烧，等水烧开之后就可以喝了。竹筒茶融合了茶叶和竹筒的清香，喝起来十分爽口，能解除疲劳，提振精神。

云南种茶的少数民族很多，白族、彝族、基诺族、拉祜族、布朗族、德昂族都有自己关于茶的故事，在这片适宜茶叶生长的土地上，谁是最先发现茶叶的民族并不重要，重要的是我们在半坡老寨遇见茶香，就遇见了那一份久违的古老亲切。

无事

云南地形地貌特征复杂，既有高山深峡，也有大大小小的山间盆地和错落其间的明湖水乡，立体气候明显，因此孕育出多种多样的生产生活方式，也使得居住在云南境内的各个民族相互之间比邻而居，生产生活方式却不尽相同，千百年来对自然资源的利用和谐有度，形成每个民族自己独特的生计方式，很少与周边民族发生争执和抢夺，甚至在某种程度上互补，成为相互依存的聚落格局。

傣族善于在炎热的河谷沼泽地生活，到了冬天的昆明，就冻得瑟瑟发抖；布朗族能够在几乎垂直的山地上耕种，至今还在种植旱谷；南糯山哈尼族的茶树种了几百年，风行的时候像金子一样珍贵，落寞的时候也曾无人问津，这并不妨碍他们的村寨一直与茶树共生；彝族、白族、傈僳族种的核桃树遮天蔽日，他们善于在秋天的时候从青色的果子里劈出褐色的坚硬果实，寻觅出其中雪白清甜的新鲜核桃仁；藏族住在“海子”旁边，却很少吃鱼；基诺族在山里转一圈，就能变出一桌子美味；制盐为生的诺邓人，祭祀祈求少雨的“旱龙王”；傈僳族上得了刀山，下得了火海，却不喜欢被迁到很热的江边，“衣服都穿不住了”，百褶裙和大包头都是抵御清冷的山地装备，不是吗？

千百年来积累的生存经验，与自然相处的知识，有时候已经刻进民族的基因里了，有的贫困，有的富足，有的艰辛，有的轻松，也会相安无事，也会妥协相助，也会狡黠求存……

不是不能改变，只愿不会无所适从。

Coca-Cola

聚落是经营

农耕社会的聚落主要基于对土地等自然资源的利用，但是在一些土地稀缺、资源匮乏的地区，人们需要开拓其他的生计，对外经济交往和贸易就成为重要手段。在云南的很多地方，都有因经营贸易而发展起来独具特色的区域聚落和民族聚落，他们『走夷方』『下坝子』，用马帮驮出了一个个富裕的聚落。

云端里的古镇

在遥远的横断山脉纵深地区，沿着哀牢山余脉，红河南面的迤萨山梁上，有一座“马帮驮回来的古城”——迤萨镇。迤萨镇现在是红河哈尼族彝族自治州红河县的县政府所在地，有4万多人口居住，是红河州典型的江外山地城镇。红河州以红河为界，自然形成江内和江外，从自然地理角度来看，江外地区多是高山峡谷，从历史文化传统来说，江外居民以少数民族为主，曾经为地方土司政权管辖。

迤萨镇在清代以前没有明确详细的人口居民记载，据考证，这里在元明时期是少数民族苗族和瑶族的支系“迤人”和“沙人”定居的地方。苗瑶族系大多选择建寨于山顶、山梁或山腰，依靠大山的地理优势形成独立的村寨，利用居高临下的地形抵御外敌

袭击和骚扰。无论从地理上还是心理上来说，迤萨都自成一个单元，遗落而封闭。但是这里有着独特的马帮文化和侨民文化，曾经是一个开放多元、与世界通连的时尚之地。

迤萨的马帮文化起源于清朝道光末年，当时迤萨北郊江边有一座铜矿，由于矿藏采尽，燃料也枯竭而停业，很多矿工为了生活不得不另谋出路。他们转而在附近开采盐矿，加工食盐贩卖到中国与老挝、越南边境销售，开辟出一条马帮经营之路。由迤萨古镇前往东南亚国家和地区，地势逐渐从山地走向平坦的坝区，当地人便把外出走马帮经商称为“下坝子”。

经过几代人的努力，源源不断的贸易和不断往返的马帮之路为迤萨带来了财富和荣耀，从而建立了今天我们看到的这座云端里坚固厚重的古城。迤萨古镇的建筑特色兼顾实用和审美，赶马人走南闯北，见多识广，建造的房屋在闭塞的红河江外县区里独树一帜。迤萨人因经营而十分富庶，容易遭到土匪强盗强攻打劫，迤萨人便购置了枪支，将城墙和房屋修筑得高大坚固，墙壁上也布满射击孔穴，以抵抗外敌。

东门城楼建筑群是迤萨古镇建筑的代表，具有浓郁的地域特征，完整保存了清代民居建筑的特色，又融合了西洋风格元素，是马帮古镇建筑的代表。建筑群主要由东门城楼、姚氏民居和钱二官大院三部分组成。东门城楼为三层建筑，第一层为砖拱城门，墙壁和阳台上修有30多处射击孔，高大厚实，易守难攻，二层和三层居高临下，视野开阔，将整个迤萨古镇护卫在身后。姚氏民居四合院与东门城楼相连，始建于1937年，历经7年竣工。占地面积584平方米，建筑面积980平方米，其房屋为中西式三层三进四合院跑马转角楼，根据陡坡地形建造灵活多样、高低错落的地基，外观成方形碉堡状，外墙上也有防御用的枪械射击孔。姚氏民居大门的装饰图案有"钟表""十"字等立体图形，房屋整体风格以法式建筑风格为主，内部建筑却属中式建筑风格，有中西合璧的特点。钱二官迷宫式的砖拱大院整幢建筑没用一根钢筋，大小共8个天井，44个房间，188道门窗，结构像迷宫一样，是多种建筑风格的结合。

除了东门建筑群，迤萨古城内也保留了很多清末民初的古建筑，它们矗立在高山之巅，无声地诉说着迤萨人赶马帮下坝子经营的悠远故事。在古城极目四望，会感叹在这里修筑城镇的艰辛，而民居院落的雄壮厚重、精美大气又彰显着曾经的富庶与荣耀、开放与繁华。随着时代发展，马帮经营已经逐渐成为历史，但迤萨人依然走在经营的路上，他们依然在不断地走出去，又回到这里，不断探索寻找生存发展的道路。

小炉匠走四方

大理地区的白族村落是与众不同的。白族是勤劳且智慧的民族，主要居住在云南省大理白族自治州。研究认为，白族先民是居住在洱海周围的土著昆明人、河蛮与沿藏彝走廊南下的氐人、羌人以及周围部分叟人、巂人、爨人、僰人、哀牢人、滇人、汉人等多种族群融合形成的民族。元朝以后，与汉族文化较为接近的人群逐渐被称为“白人”，1956年正式确定为“白族”。白族懂得狩猎畜牧，也善于农耕稻作，还拥有多项娴熟的手工技艺。适应如此多元化生活方式的技巧之一，就是选择依山邻水、交通便利的地方建造村落。

新华村位于大理白族自治州鹤庆县草海镇，背靠凤凰山，前临鹤庆坝子，村子的周围是大面积的草海湿地，成群的鹭鸶和各种水鸟在海菜花的上空盘旋着。这里被人称为高原水乡，村里分布着大大小小的龙潭流水，农舍错落、鱼塘水榭、田地阡陌。虽然是秀美的田园风光，但这里的富庶与和谐却并不仅仅依靠农业。由于村落背后的山梁是石头山，十分贫瘠，周围的耕地又比较稀少，新华村的自然资源并不丰富，因此形成了新华村人在农耕之余外出经营的传统。新华村人心灵手巧，很多人家都善于手工制作金银铜锡等金属制品，长期以来形成了很有知名度和影响力的行业传统，有“小锤敲过一千年”的说法。

新华村的名气最早就是由这些村里外出谋生的“小炉匠”打出来的。农闲的时候，他们随身挑着火炉、鼓风机、铁砧和铁锤，在十里八乡的村落和城镇走走停停，用小铁锤敲敲打打，为人们制作日常使用的铜锅铁盆，修补焊接一些损坏的器皿，制作些金属的宗教仪器和装饰用品。农忙的时候，小炉匠们又回村耕作。新华村白族“小炉匠”们的足迹从西藏新疆到缅甸老挝，遍及西南各省和周边国家。也有很多“小炉匠”在外地扎下根来，开设店铺，专门从事手工业经营。

今天的新华村被叫作“白族银器之乡”，成为著名的白族银器工艺制作展示销售、传统文化和工艺旅游体验地，吸引了越来越多的外地人到村子里参观购物。穿过村口高大的“石寨子”的牌坊，川流不息的旅游大巴把游客一车车送来。转过牌坊后的照壁，就看见分别建成书画、药材、玉器、银器、铜器、土特产、茶艺、娱乐、手工艺加工作坊九大场馆以及银器博物馆，规模宏大，完全就是一个旅游商品的“超市”。正中的场馆是最能体现新华村特色的“银都玉府”，是目前东南亚最大的银制品交易中心，琳琅满目的各种银器熠熠生辉，餐具、酒具、首饰、挂件、摆饰、藏刀、腰带、胸花、烟筒应有尽有。

越来越多的村民将临街的房间辟成商铺，“小炉匠”们从走村串寨转向了驻村经营。很多技艺高超的手

艺人开设了银器铺，一边生产一边销售，一边授业一边展示，很多在外地开店谋生的村里人也会带着资金和新的手法与创意回到村里，参与到新华村热闹的旅游商业中来。外来的市场总是动荡的，来村子里的游客有时多有时少，就像当年的小炉匠，也会慢慢随着时代的变化获得或者丧失经营的空间。这些都不重要，重要的是既要劳作，也要经营，这是观念里根深蒂固的东西。在哪里劳作，经营什么，不过是顺势而为。

对于白族人来说，经商是他们的天赋，也是生存和发展的必须，而守土重迁的游耕、渔耕传统又让他们有着深厚的乡土情结，土地上的劳作得到基本的生存物资，土地之外的经营使生活变得富裕有品质。不管生意做得大做得小，都是副业，不管走得远走得近，心中的念想依然是守住乡土，回到故乡。

穷走夷方急走厂

腾冲西距云南省省会昆明656千米，与缅甸毗邻，自古以来就是沟通印度、缅甸的南方丝绸之路要塞，是云南面向南亚、东南亚的重要门户之一。怒江、高黎贡山等天堑是腾冲与内地联系的巨大阻隔，但山川峡谷的秀美也常常令人不惧艰险也要行走其中。明代旅行家徐霞客翻越高黎贡山到达腾冲后，忍不住感叹这里真是“极边第一城”，因其边远，亦因其繁华。由于地理位置的特殊性，腾冲既是商贸交流的中心，又是军事争端的焦点。明代中央王朝派沐英、傅友德将军“三征麓川”，在腾冲留下了大量的汉族驻守士兵，这些士兵在周边傣族、景颇族、傈僳族等少数民族势力的夹缝中生存，书写了一部特殊的边地汉文化史书。

近代，腾冲是如火如荼的滇西抗战主战场之一，在切断日本军事补给线、阻止日军全面占领中国的野心、保卫西南国土安全方面发挥了重要作用，滇西抗战是历史留给腾冲最沉重也最深厚的文化情感之一。在和平时期，腾冲的商业贸易十分频繁，缅甸矿区生产的大量翡翠玉石毛料经过莽莽森林和高山深峡运抵腾冲，在这里加工集散之后销往全国各地，独特的翡翠文化和赌石文化为腾冲增添了无数激动人心的财富故事和动人心魄的生死传奇。

和顺距腾冲县城10千米，600多年前是汉族军队驻屯的村庄，后来逐渐发展为融汉文化、边地文化、侨乡文化为一体的古村落，是腾冲耕读传家、家族宗亲、马帮贸易、跨境交往等文化的核心和代表。在和顺及周边地区，都有“穷走夷方急走厂”的说法，走夷方就是到缅甸及国外其他更远的地方去做生意，急走厂则是指当家里遇到紧急状况时，到玉石矿区去“赌”一把。腾冲地区的汉族基本都是历次征战中驻屯下来的兵士，要与当地原住民分享稀缺的土地等资源，夹缝中的生存促使他们要不断发展，不断向外经营谋求更好的生存空间，也需要他们不断学习从而拥有更聪明的头脑和更多的

智慧，由此形成了以和顺为代表的腾冲经商文化。

2003年，全国知名文化旅游企业柏联集团与腾冲县政府签订协议，成立云南柏联和顺旅游文化发展有限公司，由该公司全面开发、管理、经营和顺的文化旅游。在柏联和顺“保护风貌、浮现文化、适度配套、和谐发展”的经营管理理念下，和顺不仅保留了传统文化风貌，还补充了滇缅抗战博物馆、马帮文化博物馆、和顺小巷等腾越文化内涵，集中了腾冲地区的古法造纸、木雕、扯丝糖、打铁、织布等民俗生活传统，保护了很多濒危的民间文化，从而在和顺聚合了多种腾冲文化类型，丰富了旅游者的文化体验内容。2005年，和顺被评为“中国第一魅力名镇”，此后又陆续获得“国家历史文化名镇”“国家环境优美乡镇”“国家AAAA级景区”“国家文化产业示范基地”等称号，去过和顺的人都为这宁静富庶充满文化气息的边地小镇深深倾倒。

从2005到2009短短的几年时间里，云南官房集团、云南机场集团有限责任公司、东方金钰公司、云南世博旅游控股集团有限公司、云南文投集团、世纪金源酒店集团等等一批省内外知名文化旅游相关企业相继“空降”腾冲，投资范围涵盖旅游、工业、房地产、生物资源开发、社会事业等多个领域，印证着腾冲那句老话“琥珀牌坊玉石桥，雄商巨贾挟资来”。

营营

中国的传统文化是重农抑商的，有商业经营贸易传统的往往都是自然资源比较贫乏、土地耕种收成有限的地区，人们逐渐找到了外出交往贸易的致富之法，并不惧艰辛开辟出一条条通往外界的道路桥梁。行商坐贾的生活一样充满冒险和算计，他们的成就体现在那个生于兹养于兹的村落。他们用金银堆砌高宅大院，他们雕琢亭阁楼院戏台，他们营建精神皈依的宗祠与庙宇，他们安放学堂与月台，为那些日日望归人的亲友乡邻，营造一方安居的乐土。

也因此，在云南的传统聚落里，那些人口较多、肥沃的耕地较为稀少、采集和渔猎困难的地区，往往成为商业发展的重要契机，人们不得不积极向外拓展生存之路，从而在对外交往中占有先机，在经济文化发展进程中增强了发展的本领。商人更懂得读书学习的重要性。善于经商的腾冲人如今早已将生意做到了全世界，亦常常不忘回乡建图书馆，资助学人，反哺文化教育。云南省唯一的科举状元袁嘉谷出身敢为天下先的商业重镇石屏，考的是经济特科。大理的喜洲商帮名传天下，因经商带来富裕，也因富裕而在抗战时期以一村之力，安放从战区西迁而来的大学师生。

在全球贸易的时代，传统亦农亦耕的商人们，在资本、制度、文化的变迁与重塑中，小心翼翼地恪守着朴素的经营理念，勤勉、保守而谨慎，有辛苦的营生，或许也会有偶尔突如其来的机遇。

他们，依然是有限的。

聚落是分配

人类社会的生存与发展总是依赖于各种各样的资源。对于从远古走来的各个少数民族而言，土地是他们生存的最大资源，土地上生长的动植物、流淌的汩汩清泉、地下埋藏的丰富多样的矿产资源是大自然重要的馈赠。关于土地的共享、分配与争夺，是民族聚落的重要因素。

与蒲尼人的战争

云南高山峡谷、盆地田坝间各个少数民族大杂居、小聚居的聚落格局，很多时候是历史传统和生计方式以自然平和的方式决定，但有时候也免不了以战争和实力抢占每个民族自己的生存空间。很多民族历史上都曾经有过争夺土地、资源、人口的生死搏杀，在血腥的战斗之后，资源被重新分配，暂时的和平出现。在流传的民间文化中，人们有时会以调侃的方式巧妙地粉饰民族间的争斗，有时也会强化刻板的民族形象，在心中存有隔阂和芥蒂，甚至互相戒备、很少往来。

在哈尼族的传说里，他们的祖先有一场与蒲尼人的惨烈战争。蒲尼是今天的哪个

民族已经无法准确地考证。他们的头人“头上的帽子鸡冠样鲜艳，衣裳裤子宽又长，脚上鞋子厚又软，出门上路坐着高轮马车……七层楼房是他的在处，高房盖在大海旁边。”据说，哈尼族迁徙到了谷哈密查，这里住着喜欢开荒种田的蒲尼人，蒲尼的头人罗扎对哈尼人说：“在不完的地方由你们在，盘不完的田地尽你们盘”，条件是哈尼人要给他上贡干活。

哈尼人在谷哈密查住了三代，学会了炼铁造犁，人口一天天增多，收成也一年年增加。哈尼的第三代头人纳索力大无穷，勇武英雄，娶了哈尼人中像月神一样聪明善良的女子戚姒为妻，夫妻二人深受大家的拥戴和喜爱。但是边上蒲尼的头人打着自己的小算盘，他把自己的女儿马姒也嫁给纳索，离间了哈尼人的关系，又要求哈尼人为他织布熬盐，猎物的头和腿、捕鱼时最肥的一条都要送给蒲尼。最后，蒲尼的头人罗扎在哈尼人祭祀神山的时候，率人包围了哈尼，要砍倒哈尼的神树，不许哈尼族祭祀神山，抢夺哈尼人的精神家园。

戚姒找来寨子里的人救出了祭祀的哈尼人，哈尼人挖出初到谷哈密查时埋在地下的兵器，开始和蒲尼人交战。这一仗打得异常的残酷激烈，在哈尼的古歌里曾这样唱道：“大刀长矛像蚂蚱乱跳，快箭飞标像蜂子遮天。”“深深的界草已被点着，长长的河岸像火龙升天，青青的界石也被烧炸，轰隆的声音传出很远。”在交战的过程中，双方互有胜负，伤亡都很惨重，战局僵持不下。纳索的蒲尼妻子马姒悄悄地给自己的父亲报信，出卖了哈尼部落，使哈尼人落在下风。纳索急红了眼，要杀了马姒，跟罗扎拼死一搏，戚姒阻止了他，请求头人带着哈尼人离开谷哈密查，另找新的家园，才能保住

哈尼的人种。

哈尼人不得不离开自己经营多年的家园，再次踏上迁徙的道路。传说在迁徙的路途中，哈尼的头人纳索为了抵抗蒲尼的追击，带领七百名勇士与敌人周旋，勇士们被俘虏了，纳索化身树木、石头阻止追兵，最后牺牲了自己救了七百勇士。纳索的妻子戚姒和马姒分别生下了两个男孩，她们带着族人在新的地方安下家来，成为今天哈尼族不同的两个支系。

在红河县哈尼族蘑菇房的火塘边，哈尼族老人举起一碗酒，放到嘴边咂一口，古老的故事就开始讲述，祖先与外族的争斗，那些吃过的亏、受过的苦、得到的教训，都在故事里一点一点地潜移默化在听故事的后人心里。

当然，也就像我们知道的那样，会一边唱一边讲故事的哈尼老人越来越少，喜欢围坐在火塘边听故事的年轻人也越来越少，那些古老的故事里没有电视、电脑、手机、汽车，没有砖瓦钢铁，没有橡胶游客。于是，古老的故事便一天天沉寂，故事里的细节一天天丢失，今天的我们，只能看见这些曾经鲜活、丰富而又多样的聚落故事，变成文字印在纸上装订成书，安安静静地躺在角落。

就自然条件而言，怒江峡谷地区的自然生态系统结构非常脆弱，并非人类理想的谋生存求发展的地方。但自距今约数千年前的新石器时代起，就有人类开启了在这一地区生存活动的历史。傈僳族、怒族、独龙族、藏族、白族等多个民族就生活在沿江两岸的河谷狭窄台地和山坡地带。汉族、纳西族、藏族主要居住在地势相对平坦的狭窄的河谷地区，傈僳族、白族、怒族主要居住在地势较为险峻的半山地区。山坡地势陡峭，不适宜大规模集中居住，因此当地民族居住都比较分散，很多村庄都只有十多户人家，大的也只有一百多户。由于自然条件艰苦，历史上很早以来就存在着各民族间的矛盾与争斗，一个民族内部也会有相互结仇的情况。傈僳族常常选择地势险峻的地方建设“千脚落地”式房屋，依山势择地而居，背靠大山，前临江河深涧，有很好的防御效果。怒江峡谷“江边炎热、半山温暖、高山寒冷”，居住在不同地区的民族形成了不同的文化习俗。

怒江傈僳族自治州地处“世界屋脊”青藏高原的南延部分，云南省西北部横断山脉纵谷区的中段，由于刚好濒临亚欧板块与印巴板块的接合部，造成了规模巨大的南北走向的褶皱山系和深大断裂，地质构造十分复杂，属滇藏弧形褶皱带，是云南横断山脉“V”字形地质构造的主体地带和地震多发地区。“高山峡谷”是这一地区地质地貌的主要特征。境内的担当力卡山山脉、高黎贡山山脉和碧罗雪山山脉的山脊线，海拔在3500米到5128米之间，奔腾于这三座大山脉之间的独龙江、怒江河谷谷底的海拔高度仅为720米到1600米。巍峨绵延的崇山峻岭山峰林立，山岭之间是奔腾不息的江河，云岭山脉、澜沧江、碧罗雪山（又称怒山）山脉、怒江、高黎贡山山脉、伊洛瓦底江上游独龙江、担当力卡山脉等山脉与河流相间，不仅形成了著名的“三江并流”奇观，而且呈现为“四山夹三江”的特殊自然地理奇观。

怒江地区传统的生产方式以游耕、游猎和少量定居农耕为主，虽然生产力不算发达，人们的生活也很贫困，但在艰苦的条件下向自然有限地获取，基本保持了与自然生态的和谐。进入20世纪80年代以来，当地曾经经历过发展生产力，推进定居农耕发展的尝试，但由于怒江傈僳族自治州特殊的地质构造和高山峡谷造成的立体气候使得这一地区山高谷深坡陡，再加上山体的岩石多呈破碎状，风化变质强烈，覆盖山坡的土层薄，坡度陡，还有一些松散的滑坡体和冰碛物，再加上冬春季节的冰雪覆盖，夏季冰雪消融形成的溶蚀造成的松动，雨季比较集中，短时间内降水量大、地震多发等因素的综合作用，使得这个地区非常容易形成泥石流和山体滑坡之类的地质灾害，并不适合推广大规模农业耕种。因此，国家及地方政府实施了“退耕还林”计划等环境保护计划，对“三江并流”地区脆弱的自然生态环境实施保护。

为解决贫困问题，怒江地区的少数民族自发或者在政府有计划地组织下进行了一些移民搬迁，自1986年以来，当地人口有的迁往保山、德宏等地，也有跨过国境线迁往缅甸的。由于移民对所移居地区自然地理、气候及社会文化等条件的适应能力各不相同，他们中有的定居异乡，有的还是返回了原住地。我们国家自1980年以来，在农村推行了生产责任制，土地都已经承包到户，林地和山地也进行了划分，所有的空间在理论上都已经完成了分配，很少有完全意义上无主的荒山和荒地。虽然一些移民搬迁村落经由政府的协调得到土地和居住地点的解决方案，但随着时间推移，人口增长，生活空间缩小，不同文化背景的群体间以土地为焦点的矛盾冲突时有发生。

在怒江地区的大江大河之间，人们因为生存做出不同的努力和选择，也在为了社会发展而改变和出让自己的生活方式。我们希望看见“三江并流”举世无双的自然壮丽之美，也能看见生活在其中的各族人民都有幸福的样子。

石洞村出世

朋友常常回忆起20年前在屏边做调查的故事，当时青涩的他们是一群初生之犊，欢乐着走进了茫茫山林深处的村庄，完成了入户调查访问的工作。返程的时候天黑了，还下起了雨，他们在湿滑的山路泥泞中深一脚浅一脚，走了大半夜，终于抵达乡上的旅馆。旅馆没有电，被安排单独住宿的女生终于忍不住崩溃大哭，对伙伴发飙。

多年以后，泥泞的往事已经变成美好的回忆，村庄的名字与故事已不太准确，那段曲折的山路却似乎越来越清晰。

如果没有蒙自经新现镇到屏边县城高速公路的兴建，石洞村就依然会像20年前那些隐秘的村庄一样，被外来者偶然闯入，又茫然走出，只有那些零碎的记忆和鲜活的片段留在人们念念不忘的脑海里。世外桃源从来就只是意象，它是一张往而不返的单程票。

红河州屏边县新现镇吉米村委会石洞村，藏在大山深处，45户人家坐落在山坡碧绿的浓荫里，有限的文献资料显示，这里有一个巨大的石洞，新中国成立前，有30户人家住在石洞里，后来迁出在石洞旁建了现在的村子，故名石洞村。石洞就在村口，入目便让人惊艳。参天古树掩映下，青色的悬崖石壁底部有一个巨大的洞口，犬牙交互，怪石嶙峋，洞内黝黑不可见，有森森凉气透出。最大的奇观是洞穴顶部距离地面100多米的地方，密密麻麻地结满了蜂巢。绝壁上的岩蜜呈大圆饼形状，纵向排列依次悬挂在石壁上，大的目测直径可达两三米，小的直径也有三十厘米左右。蜂巢的颜色为棕赭色，能隐约看见有蜜蜂围着蜂巢飞舞。

村民告诉我们，石洞村的野生岩蜜最神奇之处在于蜂巢的个数常常与村里人家的户数大致相当，每逢村里有人分家单独立户，蜂巢也会相应地增加。闻言人们都好奇地仰头细数蜂巢个数，还真的论证了这个奇妙的现象，只是不免数得颈酸眼花。

石洞是典型的喀斯特地貌，洞内有千奇百怪的钟乳石和石笋、石柱，顺着陡峭的小路下到洞中，发现里面别有天地，有两个巨大的洞厅，十分宽敞，在洞中藏纳三五百人完全没有问题。洞内很潮湿，但没有暗河，前方通往何处也未可知，村民们也还没有发现洞的出口。洞的西北角有一片洁白晶莹会闪光的石英岩片区，在漆黑的洞中一旦有亮光闪过，便会反射出星星点点的光芒，如漫天星斗，又如珍珠熠熠生辉，因此，人们也把这个洞叫作珍珠洞。

石洞村的开发已经被提上议事日程。随着交通条件改善，石洞村的可通达性变好了，石洞成为村子里最大的旅游资源，已经有施工队在洞里架设游览步道的铁梯，洞内照明的灯光也在布局，而洞内千奇百怪的石头造型也将被赋予各种形象和传说。村里还计划根据游客的喜好种植百亩桃林、苹果林、梨树林，与远处山林深处的茶马古道形成环线，营造四时田园乡村景致。

村里的房子大多数是土房，多建于20世纪七八十年代，有些看上去还更加古老。每幢屋子都有一个巨大的院落，院落四周的青石院墙上布满了青苔，墙边的桃树结满了果实，在盛夏季节泛出成熟的诱人的艳红，却安然地停在枝头。粗壮的梨树荫蔽着村中的小路，繁茂的枝丫升向天空，青色的果实挤挤挨挨。四周寂静安然，却能看见鲜活的生命力量在村落里生长。

如果有一天，游客纷至沓来，那些桃花、梨树，那些悠然的鸡鸣犬吠，又会变成怎样新的模样？

和睦

大树下涌出一股清汪汪的泉水，有水的地方就有人，人们围绕着这眼泉，灌溉、饮食、洗涤，成为聚落的中心。陆游说“数家临水自成村”，聚落由此而来。但聚落间的争执，往往也因水而起。山野中流淌的溪水被引向何处？分渠的惯例与方法是什么？水源的认定与归属？看起来是水的问题，其实是聚落的力量与分配。

水和土地的争夺，虽然很多时候是以战争的方式来完成，是残酷的，但在云南也不乏和平与和睦的方式。

历史上，西双版纳地区由于气候炎热、生态环境复杂多样，是外地人谈之色变的“瘴疠之地”。在民间传说里，傣族从外地迁入西双版纳，向当地的原住民布朗族借地方居住。布朗族住在山区半山区，以狩猎采集为生。傣族对布朗族说：“你们不要的河谷地区，那些会涨水的沼泽地给我们住吧！”布朗族想不通傣族怎么能在沼泽里生活，诧异地同意了。傣族来到河边，砍下竹子，架起高高的竹楼，澜沧江涨水的时候，他们既可以涉水而过，攀上竹楼，也可以轻松地将竹楼整个后移，避开河水，充分发挥干栏式建筑的优势。当河水退去，留下大片河床淤泥地，成为傣族肥沃的耕地，他们在上面种植稻谷、玉米、花生、西瓜等谷物和瓜果，在河流里捕捞鱼虾螺蚌，在一片荒泽地域开拓出富足而美好的生活。

聚落是智慧

当人们开始建造家宅，为自己所在的群体和族群营造良好的生活空间时，所要面对的第一个问题就是地理环境，气候是否合适？怎样获取食物？如何避免灾害？有了这些条件，人们就会进一步思考聚落是否足够安全？生活的便捷性如何？空间交往是不是能够创造和谐的社区氛围？这些都需要智慧。

山水的报答

1942年，俄国人顾彼得在丽江开展工业合作社项目，他眼中的丽江没有准确时间，偶尔有富人家挂了时钟，也主要是为了装饰，而不是确定时间。丽江的时间与太阳一致。当太阳在东山头升起时，就起床，当光线斜过院子里的第三块方砖时，就做午饭，当阳光变得暖黄并通过照壁反射进屋时，就是晚饭时间。丽江保持着与自然和谐的律动。

地理上的丽江，位于云南省西北部云贵高原与青藏高原的连接部位，北连迪庆藏族自治州，南接大理白族自治州，西邻怒江傈僳族自治州，东与四川凉山彝族自治州和攀枝花市接壤。总面积20600平方公里。辖古城区、玉龙纳西族自治县、永胜县、华坪县、宁蒗彝族自治县，共有69个乡(镇)，446个村民委员会，总人口110多万人。共有12个世居民族，其中纳西族23.37万人，彝族20.14万人，傈僳族10.62万人。纳西族占古城区及玉龙县(即原丽江县)总人口的57.7%。

历史上的丽江，早在旧石器时代，就有人类居住。1956年，在丽江的漾弓江木家桥发现了3根人类股骨化石。8年后，这里又发现了一个少女的头骨化石，考古学家将这些留下痕迹的古人类称为"丽江人"。经测定，"丽江人"属于人类发展史上旧石器晚期的"智人"阶段。古老的"丽江人"也许是丽江地区最早的居民之一。1992年，文物考察者们在金沙江沿岸的石鼓、巨甸、热水塘、老八课等地发现了星罗棋布的新石器文化遗留物；在岸边的洞穴里，发现了原始人类留下的崖画，红色的线条，矿物颜料的填色，演示着古人的狩猎生活；在永胜、宁蒗、黄山等地发现了众多的青铜器和陶器，在奉科发现了铁器。

是谁在经营丽江的石器、青铜和铁器时代？他们中有原始的"丽江人"，还有众多的迁徙民族。从青藏高原南下的氐羌族群、溯长江而行的百越族群，甚至是北上的百

揉皮
搓繩
打鐵
蓋房
打石
推磨
簸粮
打禾
設竹签、下活扣

濮族群都曾经到过丽江，并在丽江留下了自己的痕迹。在众多民族交往和融合的过程中，有一支民族在丽江地区逐渐变得强大而重要，并最终成为这里的主人，那就是起源于古代羌族部落、沿着金沙江向南迁徙的纳西族先民。

纳西族先民从青藏高原出发，一路由北往南走，他们一边走，一边唱着神圣的歌。在歌里，纳西族的先祖记下了自己走过的座座大山、条条大河，记下了人类的起源、古代部族的战争、春夏秋冬的四时劳作与生产。在他们看来，路上的每一座山都是神山，每一条河都有灵性，从青藏高原到三江并流，纳西族必须学会与山对话，与水交流，与自然和谐相处。

纳西族进入丽江的确切时间我们已经不得而知。金沙江水蜿蜒流淌，玉龙雪山昂首屹立，在秀美的丽江坝，纳西族的先民停下了脚步，“三朵神”告诉他们，这里是他们未来的家园。于是，他们停下，在这里搭起了祭天的神坛，在这里画下了回归本源的神路，在这里唱着歌将亡灵一路送回北方。

早在唐代，丽江的麽些人已经被记录在汉文史籍中。那时，纳西先民麽些人还住着传统的“井干式”木楞房，保留着具有古羌文化特点的碉房结构，实行四个音节的父子连名制。元朝大军过境，在丽江地区留下了很多蒙古族军队，纳西族先民凭借智慧与忽必烈周旋，实现了与蒙古族的交往与融合。元朝政府在丽江设立了“丽江路军民总管府”，册封纳西族部落首领阿良及其子孙世袭宣抚司职位，丽江进入土司统治时代。“丽江”这个地名由此产生。

“一条美丽的江水——丽江”，指的就是金沙江这条与纳西族先民一起向着同一个方向流淌的江水。金沙江是眷顾丽江这片土地的，它一路相送，到了丽江总是不舍得离去，便在石鼓转了一个大弯，回望与它相伴的人们。它被高山挤压，在狭窄的缝隙间咆哮，用虎跳峡的奇观证明自己的壮阔。

守护纳西族家园的玉龙雪山是北半球最南端的大雪山，山势由北向南，南北长35千米，东西宽25千米，雪山面积960平方千米。玉龙雪山以险、奇、美、秀著称于世，气势磅礴，玲珑秀丽。随着时令和季节的变化，雪山有时云蒸霞蔚、玉龙时隐时现；有时

碧空如水，群峰晶莹耀眼；有时云带束腰，云中雪峰皎洁，云下岗峦碧翠，是令人心驰神往的迷人之地。

云杉坪的黑水河和白水河，讲述着纳西族先民黑部落和白部落的战争故事，在英雄史诗里，黑白之战的争端是带来光明的日和月。部落的征战早已远去，但直到今天，黑水河与白水河虽然近在咫尺，却保持着不相往来的传统。河水虽然相隔，民族间的交融却始终未曾停歇。

时间流淌到1382年，明王朝派沐英、傅友德征西，阿良土司家族的第七世子孙阿甲阿得率众归附，受到朱元璋的接见，并接受了皇帝赐给的“木”姓。从此，阿甲阿得改

名木得，木得统治下的百姓，戴着木家的草帽，吃木家的饭，于是就姓“和”。明朝以后，大量的汉族等外来民族迁入丽江地区，纳西族开始了一个广泛地学习汉族文化和技术的时期，尤其是木土司府所在的丽江古城，汉文化更是备受重视而日益强盛。在汉文化的强盛中，纳西族从来也没有丢弃自己的文明，相反，很多跟随明朝军队到来的汉族，穿上了纳西族的服装，说地道的纳西话，以纳西族自居，汉族变成了纳西族。

1997年，丽江被联合国教科文组织列为世界文化遗产地；2004年，丽江所在的三江并流区域划入世界自然遗产保护；2005年，丽江的东巴经书列入世界记忆遗产。丽江拥有了三项世界遗产的桂冠，世界各地的人们纷纷来到丽江，寻找自然、文化、记忆的最后家园。

丽江从来就不是一个封闭的地方，这里从来也不对抗外来的民族和文化。今天的丽江被推到巨变的前沿，也因此变得更加开放。回到遥远的创世纪是不可能的事，丽江注定要与世界相遇。美国人、英国人、韩国人，中国台湾人、福建人、浙江人、上海人、昆明人或者纳西族、白族、汉族、藏族都纷至沓来，成为丽江人的一部分。丽江接纳他们、包容他们，被他们改变的同时也以自己的力量改变着这些外来的人和文化。

丽江特有的山与水，培育了丽江人与之相应的时空观和世界观，昭示的是丽江人对这个世界独特的看法。丽江这些宝贵的自然山水生态资源，是丽江人与自然和谐相处的报答。在老君山、黎明千龟山、拉市海、泸沽湖、白水台、玉水寨……在丽江美丽的山水间，那些生活的细节，那些节庆和宗教仪式，带着远古气息的神话和传说，都会成为未来丽江发展的根脉。

在不曾改变的时间里，丽江的文化和传统在变与不变中延续，丽江人骨子里的智慧、执拗、从容在开放与回归中坚持。

这是丽江一贯的态度，也是丽江今天的气度。

古城的从容与疏朗

东北往西南向的320国道和东南往西北向的214国道在大理交叉而过，这两条国道延伸的方向也是千百年来云南交通大动脉的方向。不同的物资和文化在这里交换和碰撞，造就了滇西的文明中心大理——“亚洲文化十字路口的古都”。直至今天，人们热热闹闹地从昆明沿320国道到腾冲和瑞丽，或者从西双版纳沿214国道蜿蜒进藏的路上，大理都彰显着足够的文化分量。

很多人没有注意到巍山，这个被夹在哀牢山和无量山上段之间的狭长坝子，刚好

被遗落在两条国道交叉点的南侧，虽然只距大理市（下关）54公里。其实，在巍山还不叫“巍山”，而是被叫作蒙舍诏、阳瓜州、蒙化府等称谓时，已是赫赫有名的城市。甚至更早一些，巍山在政治、经济、交通、文化上的地位就完全能与今天的大理，甚至昆明相当，或者更甚。

西汉年间，今天的云南地界设置了6个县，巍山为邪龙县，隶属益州郡；东汉，这里又属永昌郡；蜀汉、晋、南朝，属云南郡；唐初，这里设为阳瓜州。

现在我们看到的巍山古城始建于明洪武二十二年（1389年）。明朝的朱元璋在打天下之初，就奉行“高筑墙，广积粮，缓称王”的政策，所以明代的城市都有城墙，一些重要的城市除了坚固的城墙，还有护城河和高大威武的城门，所以巍山古城保留了非常多的明代城市建筑风格。明初，巍山还是一座土城，大量汉族移民的涌入和商贸的兴盛使得巍山的地位变得重要。统治者在这里设立了蒙化府，开始扩建城市，四面用砖石砌成高墙，修整街道，扩大城市规模，并修建了很多功能性建筑。当时的古城占地大约三平方公里，整个城市是四四方方的，有东南西北四道主城门楼，东南西北四条主街，中间交汇处是高耸的钟鼓楼，俗称“印把子”，城内街巷纵横，所有的街道和巷道与四条主街平行交错。城市的布局方正整齐，四平八稳，所以又被称为“棋盘式格局”。像围棋的棋盘一样，横平竖直。明朝晚期，旅行家徐霞客游历巍山，见此城池，在其游记中写道：“蒙化城甚整，乃古城也。而高与洱海相似，城中居庐亦甚盛。”

居住在这样的城里，各个空间是有分工的，建设是有规范的，如果某幢建筑过高过胖，会影响居民的视野，也会影响城市设计作用，比如钟鼓楼作用的发挥。当时钟鼓楼是一个城市的核心，也是城内的最高建筑。站在钟鼓楼上，整个城市内的状况一览无遗。整齐划一的街道有利于信息和物资的传递，城内兵士的集结和居民的疏散也十分便利，在冷兵器时代，这样的城市布局是非常有利的。

这样规范建筑的城市今天已经保存不多。北京故宫博物院原副院长杨伯达，中国建筑科学研究院院长汪之力，中国城市保护规划高级专家郑孝燮，中国文物保护高级专家罗哲文等许多专家学者先后到过巍山，对巍山古城赞叹不已，认为：“巍山古城风貌如此完整，在云南乃至全国均属少见。”这座始建于600年前的古城，给我们保存了城市建筑者的初始创意。

现在被巍山人称为“四方街”的城市中心，

是以拱辰楼为核心的，这座威武的城楼是当年的北城门。与之相应的是南城门迎熏楼，西门威远楼，东门忠武楼。现在，其他的三座城楼都已经没有了，只剩下拱辰楼。以拱辰楼为中心，东面是东新街，南面是日升街，西面是西新街，北面是北街。同样是四条整齐的街道，可以看出即使古城的中心已经由星拱楼南移到了北城门拱辰楼，古城依然保持了棋盘式格局的古风。北街是今天巍山最繁华的街道，也是当年明代古城十字街之一。

从繁华的北街往南走，正面的建筑就是星拱楼。星拱楼是建城之初城市的中心，由星拱楼辐射出东西南北四条街道，称为十字街。十字街在星拱楼交汇，星拱楼的四个门洞贯通了东南西北。北街通往北城门，同理，南街应该通往原来的南城门，东街通往东门，西街通往西门。现在这四条街还在，名字也没有改，只是东南西三条街延伸出去的道路不像最初那样笔直，也失去了当年的繁华。从西街出去，可以看到一条河，还有一座近乎废弃的古桥，依稀可见当年护城河和古桥的影子。

星拱楼作为600年前的城市中心，承担着重要的城市功能。它就像一方大印的印柄，既是中心，也是重要的城市象征。这个特点在今天仍然十分明显。北街的繁华自不必说，南街的面条店和糕点铺，西街的咸菜坊，东街的大户人家，都活生生地印证着这里曾经做为城市中心的重要地位。星拱楼的城墙上，至今仍不时更新的讣告、喜讯，表明这里曾经是消息集散地，也是城中居民必经之地。墙根角，仍然有老人在卖卜酱豆和酱蚂蚱，也有附近的村民背了蜂蜜来卖。居民从四面八方汇集于此，交流日常的生活物资，也了解城里的信息，通过城中心的星拱楼，了解城市发生的大事小事。

站在今天的星拱楼下，三轮摩托呼啸而过，东南西北四条街道笔直地延伸，人们在楼下做买卖，摄影师摆弄着相机，当年城楼的景象会一一复苏。人们从东南西北四个城门鱼贯而入，沿主街进入星拱楼，四面八方的消息就汇集起来，四面八方的财富就汇集起来，四面八方的文化就汇集起来，四面八方的故事也就汇集起来。人们又从这里分散着走出去，走进大水沟街，走进文庙，走进衙门，走进东岳宫，走进南北社学……

萬里瞻天
拱辰门

一群人，一个村

走进山兴村的时候，我以为这不过是一个没有什么特色的普通村子。像江浙地区那些几乎和城市融为一体的现代村落一样，新建的两层楼洋房整齐地排列着，宽阔的水泥道路，村口有几个妇女背着孩子在聊天，宣传墙上写着“有党领导，群众欢笑”的朴实标语，看起来就是新农村建设的模范样本。村落选址最大的特点是交通方便，几条重要的省道国道交通线路就在旁边。村里专门开辟了停车场，几十辆大货车整齐有序地停放着。

山兴村的故事耐人寻味。20年前，山兴村被附近的村寨笑称为“伤心村”。褐煤是山兴村重要的生存资源，由于村里集体所有的煤矿被对外承包，大量剥土开采煤矿导致山兴村村民的房屋受到影响变成危房，煤矿开采获得的收益分配也制约了村寨长远的发展建设，2000年弥勒市发生5.4级地震，山兴村受到影响，房屋坍塌开裂，村民处境愈发艰难，上访事件时有发生。山兴村破局谋变已如箭在弦。

赵纯光是山兴村变化的关键人物。当时已届退休的村支书赵本才推选了年轻的赵纯光接替自己。赵纯光走马上任以后，推进了两个重大事件的进展，一是村落的异地搬迁工作，一是重新理顺了煤矿的所有权和收益权。在村落搬迁问题上，赵纯光和村里的几位能人一起，动员村民克服等靠要的思想，带领村民自力更生，自谋出路。他希望通过盘活村里的煤炭资源，整合煤炭企业的方式来筹集村落搬迁的资金，两件事情相辅相成，大家齐心协力改善生活条件，最终有了我们现在看到的山兴村。

经过村民会议，大家决定在取得对当地煤矿的开采权之后，将煤矿从原来的私人经营转化为集体统一经营，对煤矿资源实行股份制改革，集体占51%，村民及社会资金占49%。之后，又将村组所属的山地、林地、荒地、耕地等收归集体统一管理经营。同时，山兴村根据村民的实际情况安排青壮年劳力购买货车运输煤炭，老人和妇女在新

农民是农村的主人、有什么样的主人、就有什么样的家园。

建的村落里从事农家乐旅游服务等第三产业，避免村落成为“空心村”“留守村”。在收益分配问题上，山兴村以公平和效率优先，也兼顾村落的弱势群体老人、妇女和儿童。山兴村建立了科学公正的村落管理制度，维护村落环境卫生，维系村落社会和谐。短短十多年时间里，山兴村就从“伤心村”变成了富裕文明的“滇南第一村”。

村民住屋的墙壁上，有许多中国传统风格的绘画，也有发人深省的标语。“幸福来源于家庭平安、邻里的和谐与对法律的信守”，“农民是农村的主人，有什么样的主人，就有什么样的家园”，“孝敬父母，赡养老人是中华民族的传统美德，是每个人应尽的责任和义务”……虽然是全新搬迁的村落，他们却用这样的方式，在建立村落的文化传统，在延续村落的文脉和价值观念。

为了纪念并讲述这段故事，村里修了一个陈列馆，馆门口有副对联“回思老寨成旧梦，放眼新寨谱新篇”。陈列馆旁边，有一块“赵氏家族祖宗碑”，是村民自发捐赠修建的碑亭。不错，这个村子的很多人都姓赵，他们愿意秉承赵姓先祖的精神，开创新的美好生活。

煤炭是资源，煤炭也曾给村落带来困扰，煤炭产业未来的发展和走向，也依然是考量未来山兴村领路人的重要议题。其实，每个村子都有自己独特的资源，有些是祖先留下的幸运，有些是辛勤耕耘的积累，有些是传承的技能，有些是社会发展带来的契机。但是，并不是每一个村落和村落里那群领路的人，都有足够的智慧与公心将村落引领得更好。山兴村的难得，在于一群人，带着一个村子走在好的道路上。

树荫下，老人们安然地乘凉，表情坦然而放松，没有戒备，没有警惕，没有犹疑。

这是一个美好的村落。

协调

聚落营造的智慧最大最终的目标就是协调。协调不仅是美的要求，也是文化和社会的要求。在一个聚落整体中，个体建筑是基础，是构成整体聚落的有机组成部分，所以单个建筑体的体量、色彩、造型十分重要。更重要的是这些个体构成的整体也需要是生动和谐而有机的，有些看似无心的聚落布局，要么是道法自然，于无声处下过大功夫，要么出自代代积累，殚精竭虑的生活知识和智慧累积。

巍山古称阳瓜州，一条蜿蜿蜒蜒的阳瓜江穿巍山坝子而过，沿着江边平坦而肥沃的土地，一个一个的村落错落分布在江的两边，村落与村落之间以大片的农田相连。站在高处远远望去，阳瓜江仿佛一条不断生长的瓜蔓，村落是一个一个姿态丰腴的阳瓜，那些稻田碧绿青黄，像一片一片的瓜叶子，有时夹杂几棵大树，像瓜蔓上开出的花。这样的聚落，不仅细部的屋宅是美的，整体观感也有天人合一的超然意味。

丽江古城铺展在玉龙雪山脚下，城里修葺了纵横交错的水渠，雪山上淌下干净清冽的泉水流过家家户户门前，既是灌溉用水，也是饮用洗菜涤衣的生活之水。夜晚的时候，人们堵住水渠，用雪山之水冲刷清洗街道，创造出至纯至美的雪山小城。古城的道路用雪山特产的七彩石铺成，经年行走和冲刷，使得石板光滑润泽，色彩斑斓，行走在古城里，就如同行走在诗与画中。

协调需要有智慧去发现规律，有时间去顺应规律，有实力去遵循规律，我们走在协调的世界里，会忘记自我。

聚落是博弈

聚落里的博弈从来都是新鲜而真实的故事，也是千百年来不断重复演绎的均衡的规则。事情的发展最后并不会完全按照任何一方的预期，而是在动态中出现变化，在变化中形成平衡。结局如何并不重要，人们在时间的河流里，在宏大的规制下，在苍茫的背景里，角力、发声、争吵、抉择，然后面对。

双廊！双廊？

在大理的双廊还不那么出名的时候，这里是一个安静的小渔村，不通公路，人们只能依赖小小的渔船，在欸乃声中来到这个世外桃源一般的地方。村子里的道路顺着洱海美丽的海岸线弯弯曲曲地延伸，在清凉的海风中绕出美丽的弧线。朋友是位画家，提到双廊的时候，只说了一句话："那一次我到双廊，那里的向日葵开得太美了，我在那住了一个月，天天去画同一棵向日葵，从它开花，一直画到它凋谢。"朋友是个单纯的人，单纯而天真。也许只有这样的人，才会不停地寻找美，寻找心灵的故乡，寻找安放灵魂的地方。

后来，来双廊的艺术家们就一天天多起来了。因为双廊实在是太美了，有钱的艺术家就在双廊买别墅，或者自己盖别墅，比如赵青，比如杨丽萍，没有钱的艺术家就在双廊租房子住，住在地道的白族人家，像当地人那样生活。渐渐的，这些艺术家也许依

然前卫，骨子里却变得“很双廊”了，比如接本主的时候，艺术家们甚至比村里人还要积极。

开始的开始，热情好客的白族人家很欢迎有人到他们的家里做客，他们友善而随和。只要付很少的钱，有足够的时间，人们就可以像真正的双廊人那样，过三五个月地道的白族渔家生活。双廊曾经就是这样一个让人到了就想住下来，住下来就会爱上它的地方。

著名的白族青年画家赵青最早在现在的南诏风情岛上建了一座房子，当时的南诏风情岛还是一座荒岛。他将这幢房子命名为“虚设之城”，还在自己的诗集里写下这样的句子："虚设之城完成虚设之城的使命，我是虚设之城的民。"别墅建在小岛边缘的一大片沙滩上，是就地取材，顺地势而建的有白族民居风格的建筑。岛上的阳光很好，赵青将泉水引到院子里，在院子里做了些水塘和沟渠，适当地保留和移植了一些植株，于是整个宅院就有了渔家村舍的味道。今天这座房子被称为"本园"，吸引了很多游客来参观游览。

后来，南诏风情岛开始大规模开发以发展旅游业，赵青离开了南诏风情岛，在对岸的玉玑岛上重新建盖阳光城堡。这里的整个建筑选用铁板、钢索、玻璃、石材等等坚硬的材料建成。与本园的改良型建筑完全不同，这座后现代风格的城堡充满了视觉冲击和另类感觉，但它同时又是可以接近和抚摸的住宅。由于建材配置和光学效果的巧妙运用，整个城堡阳光明媚。这座建筑让很多人想起"面朝大海，春暖花开"的句子。两幢房子，书写了一个画家在双廊的传奇生活。一个是取法自然，不事雕琢的自然本色农家建筑，一个是融入了诸多后现代因素的前卫艺术，它们共处于一个和谐宁静的村庄，隔岛相望，如此不同，却又如此相同。

双廊的变化也在悄然发生。有一天，村里段家兄弟俩吵起来了。吵架的原因是有个外地的名人，想在村子里建一幢房子。哥哥是村主任，日常处理村民间的利益分配和社会事务，他习惯了按照既有的传统轨道维护村落的正常运转，并且表现出在这个岗位上需要的公正和道德。当然，他是不喜欢有太多的意外和变化的。所以，他不同意让外人在村里盖房子。弟弟头脑灵活，他不明白一件明明对大家都有好处的事情，为什么不能进行，保守固执的哥哥，自己抱着多一事不如少一事的态度过活也就算了，为什么还要阻止旁人赚钱？弟弟想要拿出自己的宅基地，租出去，让这个外来的名人在村里盖自己想盖的房子，才不管其他人怎么说呢。后来，村里的长老们集体讨论了这个事，弟弟赢得了支持。他不顾哥哥的反对，执意把属于自己的那一半住房租了出去，赚得了当时看来十分丰厚的收益。当然，客栈也经营得风生水起、美名远扬。

哥哥无言，甚至有些落寞，曾经是村落权威的他，眼睁睁地看着弟弟的日子越过越好，讲话的底气越来越足。游客好像突然就蜂拥着到了双廊，大巴车一辆接一辆地停

在临海的山崖边，村落像是瞬间膨大了很多倍，原本疏朗的半岛挤满了房子，几乎要溢出来。临洱海的住宅房租甚至远远超出了当地人的想象，一户户双廊人家把自己的屋子租出去，又不停地在岛上新建房子。也有人家拾掇拾掇自己的小楼，也开出几个标间，旅游旺季的时候，客人们还常常一房难求。

但是，对于双廊的诟病也渐渐开始增加。曾经绿树成荫安静的小渔村变得像工地一样，到处堆满了建筑材料，坚硬的山崖边也被强力开挖，非要推出一片平地来建盖房屋。喧嚣的车辆挤满了村子里仅有的几条狭窄的道路，稍微宽敞一点的地方也停满了各地牌照的汽车。最终，一场关于双廊排污管道的爆料引发了双廊发展的集中讨论。为了处理排放越来越多的污水，双廊建设了排污管道，但是网上的图片却显示排污管道只是一个虚设的样子，横流的污水肆无忌惮地顺着没有封口的管道进入洱海。

风波由此展开。由于地理环境特殊，双廊是当地村民唯一的家园，也是他们世代相守的土地。但是携资本而来的客栈经营者一步步地改变着他们的生活方式，挤占他们的生活空间，人与人之间的矛盾与嫌隙不断滋生，内在的各方力量潜流暗涌，彼此博弈。大部分客栈经营者必然是希望通过投资获取资本回报和收益的，难免有很多急功近利的短期行为。对于游客来说，他们希望看到一个整洁安静唯美的世外桃源，又往往乘兴而来，扫兴而归，双廊旅游发展的口碑也受到影响。

2017年，地方政府终于克服重重压力，关停了双廊及洱海沿岸有排污问题的客栈和餐厅，下决心整治环湖生态环境。为了长远和可持续的发展，这样的举措是必须的，我们都希望双廊能在每天数以千计游客涌入的同时，依然保有自己不曾改变的生活方式，包容多样多元的文化元素，让游客与居民一样，都能保持纯美的生活，与自然相依相伴，笑看海上花开，云卷云舒。

一个空间，两种生活

大约从2013年开始，在一些旅游发展较好的古城镇古村落，外来旅游业经营者与当地原住民的矛盾与冲突出现了一个集中爆发时期。突出的例子就是丽江束河的房东与客栈经营者的毁约之争。

束河古镇位于云南省西北部，是茶马古道上保存完好的重要集镇，纳西族、白族等民族世居于此，以农业耕作、畜牧养殖和传统商贸为主要经济方式，旅游业发展起来以后，与世界文化遗产丽江古城及周边景区有机组成滇西北旅游的重要内容。束河古镇继承了古时先开河后建城辟路的城建方法，是研究我国古代城市建设的活化石。束河古镇具有独特的民族风情和绚丽的纳西传统文化，是少数民族重要的聚居地，保留了少数民族文化原有的风貌和特色，是马帮活动和开放式集镇建设的典范，为城市建设史、人类文明发展史的研究提供了宝贵的资料。近年来，束河古镇旅游业快速发展，已发展为国内较为热门的旅游景点。

2015年9月11日上午，束河古镇的本地人白丽刚雇来挖掘机和卡车，要拆除建在他家宅基地上的客栈，与前来阻止的客栈老板阿玲发生冲突，类似的因为房屋租赁纠纷而上升为直接冲突的例子一时间在媒体引起热议。据报道，2015年以来，丽江市中级人民法院受理的房东和承租户纠纷的案件多达26起。在此前的2013年，这类纠纷有100多起，有超过八成的房东毁约。这些数字说明近年来在丽江地区，房东毁约现象十分普遍，而由此引发的矛盾与冲突，也在不断地升级，最严重的时候，甚至闹出双方数百人持械对峙的事件。

在束河，很多旅游从业者是外来的移民，他们与当地人签订房屋或地块租赁协议，在当地装修建设客栈、商铺等经营场所。很多商户与当地房东签订的是10年或以上的长期租约，在房租签订之初，当地的旅游市场还处于起步发展阶段，而市场的快速变

化是个体难以准确预料的。10年间，束河旅游急速增长，游客数量剧增，随之而来的房租、物价也出现大幅增长。按照之前签订的房租价格来看，房东明显觉得吃亏了，另一方面，一些承租户将原来低价租来的房屋又高价转让给他人经营，也引起业主不满。

房东毁约从制度上违背了契约，从道德上丢失了诚信，但是从另一个方面来讲，制度和道德的建立根本上也是为了减少人与人之间的冲突，构建和谐美好的生存环境。束河事件暴露出当地社会深层的矛盾和冲突，根源还是在于不同社会群体的利益和文化之争，这样的争执打破了正常的商业房屋租赁秩序，房东的经济利益最终也蒙受损失。很多作为外来移民的旅游经营者虽然打赢了官司，也仍然要面临很多日常具体的纠纷和干扰，最终要么增加房租，要么离开。

说到底，在很多文化旅游区域，原住民和外来移民之间的经济和文化交往是相互隔膜的，尤其在生计和经营方式都有极大不同的云南少数民族地区，他们常常在一个空间内过着互不牵涉的两种生活。经营者在经营本地人以外的文化和市场，营造远方、小资、想象的氛围；而原住民则依然在他们原本的文化和社会框架下生活，一样地耕田、种地、赶集，与乡民聚餐，祭祀祖先和神灵。

慕善之痛

从石屏县城到哨冲镇，一路是青翠的山丘，每座山丘下面，都掩映着一个秀丽的土掌房村庄，村庄前面，是沟谷里碧绿的稻田，沟壑纵横，田陌交错，有静谧悠然的美丽。慕善是这众多小村庄里的一个，也是传说里最美丽的一个。

2005年，电影《花腰新娘》上映，讲述了在美丽的彩云之南，生活着一个世代崇龙舞龙跳龙舞的彝族花腰支系，一群花腰彝年轻人生活、爱情和人生选择的故事。《花腰新娘》的人物和故事原型就取材于慕善村及其周围花腰彝族的民间风俗和歌舞技艺。其实早在电影《花腰新娘》之前，外界的人们就通过杨丽萍的《云南映象》里一段动人心魄的花腰歌舞认识了这个山岭深处的绚丽民族。而在2006年第二届全国青年歌手电视大奖赛里，花腰歌手李怀福、李怀秀姐弟酣畅淋漓的花腰彝传统演唱也惊艳了世人。

花腰彝族能歌善舞的名声传播开来，人们对花腰彝族生活的村庄、服饰、习俗也产生了浓厚的兴趣，越来越多的人慕名来到石屏，寻找花腰新娘的故乡。慕善村成为最理想的载体。

慕善村始建于明朝，是一个传承了600多年的古老村落，全村有258户900多人，是一个以花腰彝族为主的少数民族村落。由于具有悠久的历史和丰富的民族民间文化艺术内容，被国家文化部命名为“中国民间文化艺术之乡”，是云南彝族花腰支系传

统文化保护的核心村寨。慕善村拥有丰富的古建筑资源，有完整保存的彝族土掌房近200间，多建造于清朝至上世纪60年代，村里有寨门、古桥、古井、家庙等传统古建筑，其中有一处县级文物保护单位、一处不可移动文物、一处县级历史建筑。

走进这座古老村落，并没有我们想象的喧嚣。村口正在建设一幢巨大的玫红色建筑，村里的老人告诉我们，这是新建的舞台和广场，游客来的时候，村里的文艺队可以在这里为他们表演花腰歌舞和女子舞龙等文艺节目。“不过，舞台上铺了地砖，太滑了，舞龙的时候怕是跳不起来。”老人看着未完工的舞台，淡淡地笑了一下。

村里没什么人，有两个戴着花头巾的妇女坐在门口，看见相机对向她们，下意识地

用手遮住了脸。慕善村依山而建，土掌房层层叠叠，家家户户通过楼梯相连，在村中行走十分方便。只是很多土掌房已经显得老旧，有几幢损毁十分厉害，顶部的土夯屋顶已经垮塌，露出黑黑的无人居住的屋洞。一些房屋顶部加盖了一层石棉瓦，用砖头搭成倾斜的简易坡顶，“为了防止漏雨”，村里人告诉我们，现在慕善村的很多住户都搬到对面的新村子去了，还有些搬去了城里，老村里的房子长期无人居住，年久失修，住的人就越来越少了。

村里有一幢两层楼的陈列馆，一楼的玻璃柜台里，摆放了很多精美的花腰彝族绣片，色彩艳丽，构图简洁明快。花腰彝女子不仅歌动听，舞张扬，个个还都有一手好绣活。她们从十岁左右就开始缝制嫁衣，一针一线出自手中，经年始成。所以花腰新娘的嫁衣精致异常，分外夺目。我们在村子里没有看见窗下绣衣的女子，只有这些绣片，在有些暗湿的柜子里，无声地讲述村庄曾经的故事。

村子最高处有一棵巨大的古树，大树荫蔽了一片平整凉爽的土地。这里才是从前村里舞龙祭龙的地方，文艺站的老站长随手摘下一片树叶，放在嘴里就吹出了悠远动听的旋律。“只要游客需要，我马上就能组织好一整场文艺演出”，老人信心十足。

游客曾经纷至沓来，也会在无声无息中悄然退去。慕善村的故事，有时会在新媒体时代传遍世界，有时也只会在阳光下静静地寂寞发酵。

村落，已走过600年了。

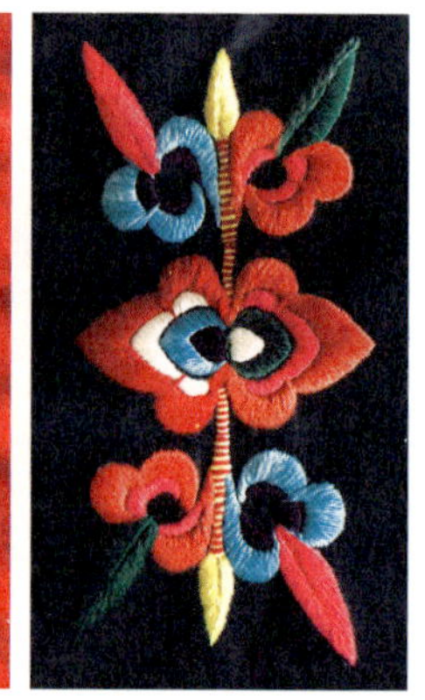

平衡

很多争执，看起来是经济之争，其实是文化之争。文化将人分成了“我们”和“你们”和“他们”，同一个聚落里面，有具体的“我们”“你们”和“他们”，将聚落的范围扩大，也许曾经争执的各方又会变成共同的“我们”，整个地球都是人类的聚落，不是吗？

在开放的时代，人们对空间的理解不一样了，同一个空间，也会承载许多不同的经营角色和文化命运，当两种或者更多种不同的生活在传统的聚落里共生的时候，如何实现新的聚落平衡，这不是宏大的议题，而是关系到聚落中每个个体微观权衡和博弈之后做出的必然选择。

平衡是力量的均衡状态。就聚落而言，是各方经济、文化在相互博弈的过程中实现了暂时的和谐。在和谐的平衡里，每一个个体或群体，能找到让自己舒服和妥协的方式，各方的诉求都得以表达，各方也不能完全以一方之欲望控制一切。这是平衡的力量，不要忽视这样的力量。

当平衡被打破的时候，也许意味着变革或进步正在到来，从平衡到不平衡再到平衡，世界就这样向前走。

萬事如意

聚落是艺术

艺术虽然常常也以表达社会思潮的某种主张的形式出现，有时也蕴含某些功利的因素而呈现出许多实用特征，但更多的时候，艺术是为了满足人们的精神和审美需求而出现的，它并不必然与艰苦的环境、简朴的生活背离。聚落的艺术就是如此，追求美是人们的需求之一。

与大山共舞的村庄

扬武镇地处滇中腹地，位于玉溪市新平县东南部，磨盘山东麓，龟枢河西岸；东临石屏，南接元江，北临峨山，西连新平县城，历来是一个重要的战略要塞，被称为“迤南大道路口”。新平县志里关于“哀牢外瀚，鲁奎内藩，两迤咽喉，全滇重地”的描述，与其说是对新平地理位置的描述，不如说是对扬武地理位置的描述更确切些。康熙三十二年，清政府在扬武设置扬武坝巡检司，足以见扬武战略位置之重要。而扬武，也由此迅猛发展成为一个繁荣的城镇。迤南等地的锅盐及边疆的土特产经由扬武运往内地，而内地的工业品、布匹等也经由扬武运往滇南。因此这个名不见经传的小镇曾经是八方商贾云集之地，古城“滇南第一驿站”。南来北往的马帮、商贾在这里云集，然后又匆匆离去。

扬武是一个典型的彝族乡镇，全镇两万多人口中，彝族占80%以上。扬武彝族大多生活在鲁奎山区。鲁奎山海拔2370米，是扬武镇海拔至高点，也是远近闻名的名山。“鲁奎”彝语称白尼白克，意为“山之大”“山之母”“山之王”。鲁奎山在新平县、元江县、石屏县、峨山县四县之交，邻近彝族在节日的时候纷纷聚到鲁奎山上举行跳舞、对歌、祭谱、传授彝文等活动，又通过扬武特殊的地理位置进行背军米、走厂、走夷方等各种社会活动，鲁奎山的彝族文化通过扬武向滇中南各地传播辐射。因此，鲁奎山是滇南彝族文化的蕴藏地、融合地和辐射地之一。迤南俗语称：“高不过鲁奎，大不过磨盘，天上雷公高，地上舅舅大。”这不是说鲁奎山有多高，磨盘山有多大，而是说鲁奎山在彝族文化的策源、蕴藏和辐射方面的影响力是很大的。

旧时，鲁奎山被彝族同胞尊奉为神山，彝族一直恪守着不许亵渎神山、不许乱伐树木的祖训，又因为汉人很少能够上到鲁奎山上去，因此鲁奎山目前保存着少有的完整的原生态彝族文化和原生态森林景观。如卷帙浩繁的古彝文典籍、笃慕六祖分支的历

史文化、父子连名制的谱系文化、氏族组织的图腾制文化以及烟盒舞文化等等。扬武的许多彝族村寨就隐藏在这茫茫的鲁奎山之中。

汽车在鲁奎山上颠簸行进，坡陡谷深。峰回路转，却有让人惊艳的景象。一大片壮阔的彝族土掌房依山而建，在夕阳无限灿烂的金光之下，犹如一片雄伟的土堡。这个村寨叫作“丕且莫”，彝语意为“厚树皮下的村庄”。彝族先民选择了在大山之中为自己劈开一片专属于自己的领地，把自己深深地隐藏在鲁奎山中，与天做伴与人无争与大自然相依为命。

丕且莫村的土掌房呈阶梯状，依照山势从山脚逐级上升至半山腰。家家户户首尾相通，通过一把把小梯子可以从每家的庭院上至屋顶，又可以从每家的屋顶上至另外一家的屋顶。因此整个村寨又像一个巨大的蜂巢，紧紧地团结在一起。从远处看，整个村寨的道路似乎就是这一片阶梯状的屋顶，平整而宽阔。几只鸡和几条狗怡然自得地在屋顶构成的道路上寻着食，几缕炊烟缓缓地升上天空，好一幅大山中的田园生活图画。据说，这些土掌房都建造于200多年前，至今从未改变过。我们不禁为这些房屋的坚固而赞叹，同时也为这一片从未受到尘世污染的世外桃源而感动。

我们走进一户庭院，里面整齐地摆放着各种农具，主人脸上挂着腼腆的笑容，殷勤地把我们请到了楼上。原来楼上才是主人一家的卧室，女主人和儿媳妇为了迎接我们的到来在里面换上了节日的服装。据说，女人家为了穿上这样一套服装，往往要花上两三个小时的时间，可以想象，这服装该是多么华丽耀眼。

旁边屋顶上有一位彝族老人，看样子可能有70多岁了，好像等不及女人换好服装，已经靠在柴垛上弹起了三弦琴。

落日越来越耀眼，黄色的土掌房闪着金色的光芒，乍一看，我们仿佛置身于一片童话世界。不知什么时候，屋顶上开始聚满了穿着盛装的彝族女人。有的年轻，有的年老，甚至还有三四岁的小姑娘。鲁奎山彝族女人头上包头巾，头巾外镶着各色布条，再盖一块缀满芝麻铃和缨穗的绣花头巾。上着右衽襟衣，下着黑色大管裤，脚穿绣花鞋。衣领袖口和腰带上绣着各色图案，最让人眼花缭乱的是从腰际垂下来的缀满各种缨穗的布带，宛如天上的彩云，五彩斑斓。男人穿对襟小褂，朴素而大方。

当夕阳最为耀眼的时候，三弦声响起来了。女人自发地围成一圈，男人在圈子中央弹奏着三弦、四弦和牛角二胡。三件乐器同时演奏是扬武人跳烟盒舞的一大特色。女子每人拿两个烟盒弹着随拍子跳舞，男子边伴奏边跳舞。在大拇指和食指的敲弹下，烟盒的声音如水一般流淌而出，清脆而又清澈。令人眼花缭乱的舞步伴随着令人眼花缭乱的美丽衣裳，让人失去了正视的勇气。

太阳正在西下，而加入舞蹈队伍的人却越来越多，一直到太阳落山，燃起篝火……

瑞丽江畔大等贼

瑞丽是一个县级市，是中国最西南端的土地、320国道的终点，三面与缅甸接壤，亚热带的气候使这里山林常绿，土地肥沃，广袤的瑞丽坝上建有分属两个国家的三座城市，美丽的瑞丽江穿坝而过，其中很长一段是中缅两国的界河。“瑞丽”这个称谓大约出现在清代后期或民国初期，民国二十一年（1932年）云南省政府正式设“瑞丽设治局”；1950年云南解放后设“瑞丽县”；1992年撤县改市。在傣语里，“南卯”或“勐卯”的意思是雾蒙蒙的地方，“南卯江”“勐卯江”就是雾蒙蒙的大江。无论是雾蒙蒙的大江，还是祥瑞美丽的大江，都给人带来最迷人的想象。

瑞丽江的江面宽阔而舒畅，旱季的江面仍有100米宽，雨季达到200米宽以上。今天，很多世界各地的游客来到这里，去亲自证实各种旅游图书记述的雾蒙蒙的瑞丽江美景。迷雾中，江水仍是千年一样的潺潺湲湲，而坝子里那些深藏的，看上去静悄悄的故事，其实又何尝不在暗流涌动呢？我们但愿能穿过迷雾，进入这个美丽民族古老家

农家乐

园的最深处。

大等喊是瑞丽坝子上一个小小的村寨，傍瑞丽江而建，它在傣语里的意思是“大金水塘”或“大金湖”。据说很早以前，这里还是瑞丽江的江道，由于地势稍高形成了一个大漩涡，上游飘下的东西，积聚在水塘里不容易流走，傣家人认为是积财的象征，所以称它为大金湖，也就是财富之湖。后来江水改道，这里就逐渐形成了一个村庄。亚热带的大江经常在平缓的坝子上改道，宽阔的江面回旋一个个深深的漩涡，瑞丽江在这个坝子上留下一处处故道与遗迹，沉寂下一个个美丽的漩涡，相伴着古勐卯留给我们的一个个故事，在雾蒙蒙中，美丽无限。

奘房是大等喊村落的核心。大等喊奘寺又叫等喊弄奘房，其实这只是翻译的不同，傣语叫大等喊为等喊弄，“弄”是大的意思，所以等喊弄和大等喊是一样的。大等喊奘房占地12847平方米，建筑面积978.65平方米，其中大殿建筑面积409.25平方米。整个奘房由大殿、门楼、藏经楼、持戒房、泼水亭、附殿和生活用房等部分组成。奘房是典型的傣式建筑，三层歇山顶重檐楼台，左右是两间重檐顶亭阁，穿斗走栏与亭阁相连，俨然是一座傣族古代宫殿。《孔雀公主》等电影都到此取景，人们便把这里戏称为“孔雀王宫”。奘房的大殿坐西向东，大殿的基座是典型的干栏式结构，承重柱和立柱较高，计用柱63棵，形成纵式平面的柱网以承托大殿。大等喊奘房的大木结构非常有特点，采用抬梁和穿斗相结合的形式，屋架则采用六组自下而上逐层收小的人字形架，每层四面作偏厦形式形成六层重檐悬山顶式屋顶，檐与檐之间每层四面板壁都开了窗洞，既能够采光通风，又增加了美感。屋顶正中的屋脊中央立了一个小型的佛塔，垂脊四角伸出，像象牙一样形成反翘，减少了悬山屋顶的呆板之感。大殿面阔四间，宽9.92米，进深七间，长19.6米。在奘房主体的屋檐下又各扩展出一部分，使奘房的宽度达到了17.3米。大等喊的奘房是典型的南传上座部佛教风格的寺庙，它既保持了傣族的传统建筑艺术，又可以从其中的结构、造型等看出当地佛教建筑受到缅甸佛寺建筑艺术风格的影响。德宏的宗教建筑大致可以分为佛教建筑和道教建筑，其中又以佛教特别是巴利语系的南传上座部佛教建筑居多。这两类宗教是受印度文化和中原文化影响

的产物。上座部佛教建筑奘房的结构非常明显地表现出当地傣族、德昂族传统干栏式建筑的特点。大等喊的奘房是典型的傣族干栏式建筑。作为德宏中缅边境一座很有影响的名刹，大等喊奘房1993年11月被公布为第四批云南省文物保护单位。

一个村寨就有一座奘房是傣族地区特有的景观。一座奘房，就是一个村寨精神的寓所，心灵的象征。奘是傣语佛寺的意思。据傣族史《舍本勐宛》记载："佛历一五八〇年(公元1036年)，莽达良在勐宛曼弄(今德宏陇川)建奘，塑佛像三尊，大象一。"这是有关奘房的最早记录。

瑞丽坝西北姐相乡芒约寨旁的雷奘相山上，1982年出土了一批文物，证明瑞丽江流域3000年前就有人类文明的存在。同样是在雷奘相山上，还出土了上千座小佛像，证明很早以前这里就有很发达的佛教信仰。事实上，据一些史料记载，雷奘相是南传上座部佛教传入当时瑞丽所属的勐果占璧国时所修建的第一座寺庙。

如果说佛教从印度进入德宏，最先在雷奘相立下脚跟，那么隔雷奘相不远的大等喊，就是最先受佛教影响的地区之一。因为到了明清时期，瑞丽乃至德宏更是"俗尚佛教，寺塔遍村落，且极壮观"。从那时候开始，傣族地区大一点的傣族村寨都会有自己的奘寺，奘寺一般建于村寨西侧，其西会留下足够的空地。奘寺前一般也会有一个小广场，这是村寨的社会活动中心，大事小事，红白喜事，这里也是村寨的文化中心和信息中心。

奘房不仅是村寨的精神信仰中心和文化活动中心，在地理位置上，奘房也是村寨建设布局的中心。从奘房四周辐射出去的道路，通向各户人家，每户人家门前的路都可以轻轻松松地直通奘房。所以在傣族村寨里根本不用担心迷路，只要找到了奘房，就找到了中心，只要记住自己所在的位置和奘房位置的关系，整个村子的方位就一清二楚了。大等喊的奘房周围有四条主要的干道，通往村子东南西北四个不同的方向，从东北向的一条路岔进去，穿过孔雀林，可以看到大等喊的寨神庙和寨心树。

寨神庙处在村子的最东边，和奘房遥遥相对。寨神庙前面，照例是有一棵高高的大树，屋子后面也有一棵大树。傣族凡是有宗教崇拜的地方，都会有历史悠久的大

树。进入寨神庙的左边，有一只黄色泥塑的老虎，右边相对的是两匹白马，其中一匹身上还长了一对翅膀。据说傣族认为大等喊村按照属相的说法是属老虎，所以老虎是寨里神圣的东西之一，要供奉起来。而且村子的东面据说是老虎的头所在的位置，村里人是不能在那里盖房子的，如果在老虎的头上盖了房子，就会坏了全村的风水。比起奘房来，寨神庙要简单得多，只是一幢砖石建筑的小房子，屋顶和墙面也没有多余的装饰，而且寨神庙的大门经常是锁着的。里面也有供奉的塑像和供品，不时有人定期来更换和打理。寨神在傣语里被称为“披召芒”，意思是建寨主人的鬼神，也就是本村最初立寨的人的灵魂。事实上，寨神应该是早期人们的原始崇拜，当南传上座部佛教进入之后，寨神崇拜自然就削弱了，但人们依然相信寨神能够保佑一个村寨的平安。

走过寨神庙，不远处就是寨心树。虽然是在以绿树成荫著称的大等喊，还是可以一眼看出寨心树的与众不同。寨心树又叫平安树，是保佑村寨平安的神树。大等喊的这棵寨心树是佛教里常见的神树铁力木。铁力木的叶子修长，树冠蓬大，亭亭如盖。夏秋季节，铁力木的叶子是墨绿色的，看上去是非常深厚的清凉。春天，铁力木发出新叶，新叶是鲜艳的粉红色，看起来热烈而缤纷。铁力木是神树，更是美丽的树。大等喊的这棵寨心树铁力木就栽在路边，树的四周用水泥和瓷砖镶砌得非常整齐，水泥台阶的四个角上，还插着一些花和树枝。旁边有用竹子削成的笊篱，笊篱里盛放着祭祀寨心树的米饭等供品。每逢村寨里有重大活动的时候，全村的人都会来集中祭祀寨神和寨心树。

深秋的早晨，水塘上青雾缭绕，竹林中白雾弥漫，氤氲盎然，让人想起范仲淹的词：“碧云天，黄叶地，秋色连波，波上寒烟翠。山映斜阳天接水，芳草无情，更在斜阳外。”竹林寂静而幽深，几幢竹楼在翠竹丛中若隐若现。竹林中间错落分布着几个水塘，水塘的水很清，水平如镜。一排竹桥蜿蜒着伸进一个较大的水塘，竹桥尽头，水的中央，是一幢小巧的竹楼。竹桥、竹楼、周围的翠竹，再加上微微清风，幽深的湖塘，是一幅绝佳的水墨画。人在这样的画中行走，会不自觉地屏息凝气，放轻脚步，生怕外来的侵入会惊醒这里的美丽，让寂静的天然变得纷扰。

人间好时节

即使在交通相对便捷的现在，在经济较为发达的红河州石屏县，老旭甸村依然是一个藏在深山里的古老村落。午后，48公里盘山公路的旅程让人昏昏欲睡，对传说中"化石村"的好奇也似乎被消磨了几分。将近2个小时，汽车终于停在村公所门口，一座掩映在参天大树里的村子出现在我们眼前。

光线和空气都恰到好处。顺着古旧的石板路进入村子，首先见到古树下的一眼泉水。泉水从树下流出，村里人在树前砌了三个池子，第一池饮用，第二池洗菜，第三池浣衣，是传统云南农村地区三眼井的制式。树下有一个祭祀龙王的神龛，祭品似乎久未打理了。一群刚放学的小学生蹲在池子边洗头，泉水看上去也不十分清澈，许是泉眼里的水流被引走了吧。

村里的石板路是新铺的，但屋子和院落都十分古老。老旭甸村因为村里的房屋都是用一种古老的植物化石搭建而成，独具特色，所以又被叫作"化石村"，村里这几天做了些宣传，吸引了游客到这里游览，化石村的名气渐渐大了起来，老旭甸村这个当地名字反而渐渐式微了。村里人也说不清楚搭建房子用的石头到底是什么时期形成的，只知道自古以来人们就用它盖房子，是就地取材，而且数量很多。

村里的院墙上，随处可以看到有植物脉络的石头镶嵌其上，有的是巴掌大的完整叶片形状，有些是很多碎叶片堆叠在一起，有些是小灌木的枝丫，能让人触摸到这些植物曾经有过的生命的力量。石头们的颜色也不尽相同，有些是偏青的黛色，有些是土黄色、赭色、棕色，有些偏白，又在自然和风雨的涤荡下调成彼此和谐的色调，阳光打在石墙上，泛出温润的暖暖的光晕。这些化石挤挤挨挨，沿着山势围成一幢幢两人高的民居，方方正正的房子，有弧线的围墙，不时点缀其中的几棵参天大树，让村落有一种岁月静好的悠然之美。村子里偶尔会有老人赶着黄牛经过，牛脖子上的铃铛随着牛行

走的节律有一声没一声地响着，更显得村落空旷悠远。

建造村落的时候，老旭甸村一定比现在还要闭塞很多，我想，那时的村里人，心境也是这般悠然吧，大山之外太过遥远，他们只能找最便捷而适合的材料，慢悠悠地在自然天地间，看天光云影，看碧树流水，为一块块曾经充满生机和活力的石头，找到最适合安放它们的位置。每一个院子、每一间屋子都坐落得恰到好处，有仙人掌和芭蕉，也有冠盖亭亭的核桃树。遇见地面有巨大的石头，他们就巧妙地在边上砌一条小路，将平整的石面做成天然的休憩台。村后的大石头能发出声音，人们就敲击不同部位，居然在上面找出了高低不同的音阶，可以在这里随意地演奏心中的乐曲。

“若无闲事挂心头，便是人间好时节”，坐在村里的石头上眺望远山，夕阳艳红，将青山的色彩氤氲蒸腾，另是一番别样的景致。太阳每天升起落下，是最美的调色师，老旭甸村以日光入画，没有现代建筑美学的理论与洗涤，却书写了最美的聚落艺术。

愿老旭甸村的美永不消逝。

无用

土掌房的屋顶并不仅仅可以用来晾晒谷物，它还是跳舞的广场，村寨里的大青树除了涵养水源、乘凉遮阴之外，还是村民们聚会的地方，庭院里四时不断开满鲜花，有的是菜，有的是药，有的只是为了好看。

人们规划一个聚落，决然不会将所有无用的事物除去，恰恰相反，除了那些必须要改造的地方，聚落里的人们会最大限度地保留自然里"无用"的部分。只有到了今天，我们才发现"荒野"对于人类生存的重要性。

除了聚落整体对自然界山水天地的"无用"之用，建筑在聚落的艺术性上也贡献卓著。屋檐的弧度、门窗通透形成的画面、柱子与梁的高度与比例……无一不是艺术对于对称、重复、规律、风格的呈现。

腾冲江东银杏村、巍山东莲花村、哝木朗村、会泽白雾村、汤堆尼西村、怒江秋那桶……散落在云南广袤大地上数以千计的村落与小镇，都有独特的聚落之美。

聚落是信仰

没有一个地方的聚落像云南少数民族地区一样，以最民间的信仰方式连接在一起。每一个白族村落都有本主庙，每一个傣族村落都有佛寺或奘房，每一个回族村落都有清真寺……当然，这里还有很多最古老神秘的神灵，可以是石头、树木、竹子、飞禽、走兽，或者是没有人能说清楚的——『鬼』。

本主，接了千年，送了千年

本主崇拜是大理白族特有的一种宗教形式。本主是村社的保护神，是“本境福主”“本地土主”的意思，也有人解释为“我们的主人”。大理的本主崇拜始于唐代南诏国时期，发展到今天，只要是白族聚居的村寨几乎都有本主庙。据不完全统计，大理地区的本主庙有近千座。本主崇拜的对象和内容十分广泛和复杂，它包括了神佛、菩萨、龙王、君主、将军等各类神灵，还有民间传说中的英雄好汉，甚至连一些大石头、树疙瘩、猪、狗、马、牛都可以做为本主崇拜的对象。所以大理民间有“五百神王”的说法，有人说大理白族本主的神灵比希腊的众神还要多。

除了神灵众多，大理的本主节会也非常繁杂。不同的地方有不同的本主节日，比如本主诞辰之类。人们通常都会在固定的时间用固定的方式祭祀自己的本主。在数不清的本主节会中，双廊的本主接送和本主庙会非常有特色，而且影响巨大。

双廊的本主庙位于红山垭口，濒临洱海。所以这里接本主的一大特色就是海上接送本主。红山本主庙所供奉的本主为唐天宝年间曾经大败唐将鲜于仲通和李宓的南诏军事将领王盛、王乐和王乐宽祖孙三代。被供奉为本主后号称“赤男灵昭威光景帝”。

正月初四这天，是红山本主的诞辰。人们很早就起来了，白族大妈将自己打扮整齐，蓝底白花的包头扎得一丝不苟，男人们已经备好了船只，准备出发前往红山的本主庙去接本主。天刚亮的时候，从大建旁村驶出的两艘大船已经绕过萝莳曲，到达红山的本主庙了。而红山的本主前面，早已摆好了贡品，人们磕了头，举行了隆重的仪式之后，小心翼翼地将本主从神坛上请下来，放到大船上。

大船载着本主雕像先到萝莳曲的秋曲甸，让本主“赏花”“阅兵”。然后船只再驶向双廊北海滨。在龙队、狮舞、霸王鞭舞队和唢呐锣鼓声中，本主被迎上岸，坐上两部木轮拖车。整个过程十分庄严，前面的人举着“回避”“肃静”的黄牌，相继有黄罗大伞、金

瓜刀矛等兵器和五色旌旗簇拥着本主的銮驾。

站在家门口翘首以望的人们纷纷激动起来，大家蜂拥着走向本主的塑像，村里的两个代表站在本主像后面，他们在本主的头上系上红绸，守护着本主的塑像。木轮车上捆着粗大的麻绳，村里的青壮年们拉着麻绳，拖着木轮车在村子里巡游。很多白族大妈密密麻麻地跟在本主后面。各家各户的门前，这时都已经摆好了香案和贡桌，本主的车子一到，鞭炮声就响起来，人们举着香烛虔诚地向本主祭拜。拜完之后，就跟在本主的后面，继续往下走。

在村里巡游了一圈之后，大家将本主安顿在村中搭建的彩棚里，然后在本主前面摆上贡品，点上香，众人一起磕头叩拜。

本主接来之后，要在村子里安放一天，大家在本主像前祭祀礼拜，祈求本主保佑村庄平安吉祥，风调雨顺。晚上，人们还会在本主像前唱曲对歌，演出自己编排的乡村戏剧，欢舞娱神。

在双廊镇边上的大建旁、岛依旁、康海和天生营这四个村子要轮流接本主。第二天，邻村的人很早就将本主从上一个村子接到自己的村子，同样地巡游祭拜。每个村都接过本主之后，大家又一起郑重地将本主送回寺庙。

天宝年间，唐王朝与南诏两次交恶，并于公元742年至公元756年间在大理洱海地区爆发了两次大规模的战争。当时的南诏国在吐蕃的帮助下，两次大败唐军，使大唐的10多万将士葬身于此。据说当时的唐朝将领李宓就是在双廊一带被南诏的将军王乐宽打败，沉海身亡，连元帅的大印也落入洱海，至今还没有找到。王乐宽祖孙三代，则成了这一带的本主。但是在大理下关将军洞一带，人们却将李宓奉为本主，可见在白族人心目中，但凡是英雄，都可以成为保佑自己的神灵。

如此算来，双廊接本主的习俗，已经流传了至少一千多年了。不经意间，我们在双廊看到的这样一场生动而热闹的民间民俗活动，竟然在讲述一个千年的古老故事。当地的居民生活在这样的故事当中，年复一年不曾改变。较之那些瞬息万变的钢筋水泥丛林，没有什么地方比这里更像人们的精神家园。

有人拈花，有人微笑

鸡足山原名九曲山，地跨大理、宾川、洱源、鹤庆四县，主峰及主要景点位于宾川县境内。鸡足山西望苍山洱海，北瞰金沙江，山顶西耸，尾掉东南，前有三峰，后拖一岭，状如鸡足。鸡足山不仅是佛教圣地，也是自然风光极优美的地方。这里怪石峥嵘，台危洞幽，藤萝披拂，形成与寺院建筑融为一体的无限风光。山上溪水长流，沿溪两岸的祝圣寺、石钟寺、大觉寺、寂光寺等大型寺院建筑群，以及无数的庵、阁、亭、楼、堂等自下而上，像佛线穿珠，一直延伸到天柱峰脚下的慧灯庵，古刹深处，被郁郁葱葱的原始森林所包围。

鸡足山被认为是迦叶道场，是释迦牟尼的大弟子迦叶守金襕袈裟入定以待弥勒的地方。迦叶在历史上确有其人，但他入定的地方应该在古印度，大理境内鸡足山的名字是明初才确定的。所以迦叶尊者在鸡足山守衣入定的说法可能来自佛教徒的附会，但天长日久，这个传说已经深入人心，并使鸡足山成为与峨眉山、普陀山、五台山、九华山齐名的中国五大佛教名山之一，在东南亚地区享有盛名。现在，鸡足山的佛寺主要是禅宗寺庙，以祝圣寺为代表。也有一些藏密、滇密的文化印记。

沿着差不多90° 的石壁台阶气喘吁吁地登上鸡足山顶，仿佛一个重要的约会终于实现，我们不曾辜负自己的内心，一路上与佛交流，与自己交流，在登上绝顶的时候，也许我们就能轻易地理解禅宗所说的“心性本静，佛性本有，觉悟不外求，即心是佛，成佛在于一念，在于刹那顿悟。”放下纷扰，我们才能回到内心，而回到内心，是我们走向佛法的第一步。

据说，当年佛祖在灵山说法，佛祖拈花一朵，其他弟子都没有反应，只有迦叶微微一笑，懂得了佛祖的意思。拈花微笑的成语，就是这么来的。一个拈花，一个微笑，言有尽而意无穷，世间的事就是这样，默契与会心能够超越语言，而真正的智慧，也是说

不出的。

祝圣寺是鸡足山目前最大的古刹，也是大理地区禅宗寺院的代表。始建于嘉靖年间，清光绪年间，著名的禅宗大师虚云和尚募劝资金重新修建了祝圣寺。寺门左侧的高大照壁上绘有《鸡足山全景图》。门前有半圆形的放生池，池中有八角桥亭，名“镇宝亭”。大雄宝殿匾的左侧有孙中山所题的“饮光俨然”匾，右侧有梁启超所题的“灵岳重辉”匾。整个寺院规模宏大、建筑庄严，是典型的一进三院、中轴对称的汉传佛教寺院格局。祝圣寺西面建有虚云大师的纪念亭，亭内有大师的塑像，寺内还有虚云大师展览室，以图文介绍大师生平。

慧灯庵位于鸡足山顶峰天柱峰东山脚，是上天柱峰必经的寺庵。据说公元1605年，僧人洪平就在这里结茅庵居住，此后历经修缮。现在的慧灯庵是1983年政府拨款在原址上重新修建的。慧灯庵掩映在古木茂林之中，一年四季早晚都有小鸟在林间歌唱，在这里可以仰望屹立在天柱峰顶的金顶寺楞严塔。慧灯庵后面有一棵“九心十八瓣”的古茶花，据说树龄已经有二百四十多年，每年春节前后开花，非常艳丽。

华首门位于天柱峰南面的石壁上，沿着狭窄的小路绕过山体，来到一片平台上，抬头仰望，巨大的石壁凌空矗立，直插云端，峰顶的宝塔在云雾中若隐若现。平整的石壁有一个巨大的凹陷，形状正好是两扇合拢的大石门，两扇石门中间交接的地方，还有两个类似门环的石块突起，这里就是传说中迦叶推开石门入定的地方了。

接近顶峰的时候，鸡足山变得异常陡峭，气候也变得寒冷，云雾在山中快速地飘动，人仿佛走在仙境之中。也有春和景明的时候，那就是“无限风光在险峰”了，站在峰顶四处眺望，能看见连绵苍翠的群山和碧波如玉的洱海。在金顶住宿一晚，凌晨起来看日出东方，光芒冉冉，也是人生难得的体悟。峰顶就是金顶寺和楞严塔，塔下有铜铸的“金殿”。

噶丹·松赞林的肃穆

噶丹·松赞林是云南最大的藏传佛教寺院，也是康藏地区最有名的寺院之一。噶丹·松赞林寺始建于公元1679年，据说当时康藏地区天灾频仍，僧俗风纪衰败，五世达赖喇嘛请求康熙皇帝在康藏地区建十三座寺庙，以禳天灾。噶丹·松赞林便是其中之一。寺庙的选址是五世达赖占卜求神确定的，这片土地背靠威武的佛屏山，前面是宁静的圣母湖，东边是奶子河的源头，四周的山围成八瓣莲花型，预示这里“林木深幽现清泉，天降金鹫嬉其间”，是建寺的宝地。寺庙建成之后，五世达赖喇嘛将之命名为“噶丹·松赞林”，“噶丹”表示传承格鲁派祖师宗喀巴所建之噶丹寺，“松赞”即指天界三神帝释、猛利和娄宿的游戏场所，“林”即“寺”。用藏传佛教的理念来解释，就是“一切显密非一次修成，为使无垢之法源源不断地惠及众生，使之圆满，特建此寺”。这也正是藏传佛教格鲁派的宗旨。

进入噶丹·松赞林的时候，我有些忐忑，守在寺门口的几位喇嘛看上去非常严肃，不苟言笑。进门之后是长长的回廊，人在高墙之间行走，孤独而无助。走过回廊，是高而长的台阶，一级一级向上，仿佛登往天国的阶梯。顺着台阶往上，周围的游人并不少，可大家都不怎么说话，更显气氛肃穆。

今天的松赞林寺是20世纪80年代重新修复的，全寺占地500多亩，坡顶正中并列着扎仓大殿和宗喀巴殿两座主殿，巍峨雄伟。左右环列着释迦牟尼佛殿、护法神殿、白塔及八大康参等殿宇建筑，还有200多幢活佛精舍佛堂和僧人私舍坐落其间，构成众星拱月的椭圆形城垣。噶丹·松赞林的建筑形式和外观和拉萨的布达拉宫相似，又被称为“小布达拉宫”。

扎仓和康参是藏传佛教寺院的基本组织结构。扎仓的原义是“僧院”，也就是僧众学习经典研修教义的地方。康参的意思是“僧团”，是扎仓之下按僧众籍贯或来源地域划分而成的僧人团体。噶丹·松赞林只有一个扎仓，是寺院组织的最上层机构，由寺院总管堪布主持，行使对全体僧人及寺院各项教务的管理职权。寺之下有独克、扎雅、东旺、纳西等8个康参，分别有老僧或僧官数人负责，管理下一级教务。我们在独克康参门口遇到一位老僧，他穿着绛红色的袈裟，紫红色的脸膛爬满褶皱，如刀刻一般。阳光被巷道的墙壁遮住，一片暗影罩着他，他无言地坐在台阶上一动不动，如一尊岁月风雨里的雕像。

松赞林寺的扎仓大殿是全寺的精华所在，这是一座石木结构的四层藏式碉房建筑，外墙是醒目庄重的赭红色。主殿的房顶上盖着镀金的铜瓦，在碧蓝的天空和阳光

的映射下，熠熠生辉。大殿屋顶的正前方，两只小鹿拱卫着金色的法轮，象征佛祖在鹿野苑转动的佛法永远流传。进入大殿，光线骤然暗下来，厅堂宽阔而高大，地上摆满了蒲团，大圆柱子粗壮坚实，顶上垂下许多布幡和经幢，色彩艳丽，图案美轮美奂。扎仓大殿的一层占地将近2000平方米，有122根巨大的木柱擎起上层，可同时容纳1600名喇嘛趺坐念经。

扎仓大殿正殿前座供奉的是五世达赖喇嘛铜像，左右两边是藏经书的“万卷橱”，后进奉列着寺院诸位活佛高僧的遗骨灵塔。后殿直通二楼，二楼有三间并列的佛堂，分别供奉着格鲁教的创始人宗喀巴的铜像、弥勒佛和七世达赖喇嘛的高大塑像。藏传佛教寺院里供奉的弥勒佛与我们熟悉的汉传佛教中慈颜常笑的大肚弥勒形象十分不同，藏传佛教的弥勒中等身材，头戴高额桂冠，身穿金色宝石僧衣，更像一位威武的将军。三楼是收藏经卷、唐卡、法器的地方，三座巨大的金色曼陀罗陈列其间。在大殿昏暗的灯光里，我们默默地参观行走，仿佛穿行在幽暗的时空隧道里，我们匆匆而过，或者只是在佛像和酥油花前面伫立片刻，神圣的气氛令人肃穆。

规仪

云南是多元宗教聚合的地方，从最古老的原始万物有灵崇拜，到有最严格的制度和规仪的制度化宗教，在云南的各个少数民族中都鲜活地存在着。无论是民间信仰也好，体系化的宗教也好，往往都以村落的聚集为单元，而在众神汇集的天空与土地，人们通过不同的信仰来彼此认定、彼此扶助、彼此融合。

与此相关，表达和实施信仰的场所便与内在的信仰体系相对应，在云南形成了数量众多、类型多样的宗教建筑体系，既有各民族本土宗教的寺庙，又有佛教、道教、伊斯兰教等外来宗教的寺庙宫观；既保存着许多古朴、简单的原始祭坛、神祠，又存在大量规模宏大、技艺精湛的宗教建筑群，它们是云南聚落里信仰中最亮眼的部分。

聚落是信仰的集合。聚落里的信仰，其外在的规仪是宗教的建筑与布局；内在的规仪则是人们生活的道德、规则和仪式。隆重而严肃的祭典、宗教活动的制度与层次、婚嫁时的流程与祝福、新生儿的命名与宴请、丧礼的讲究与一丝不苟、同龄人“帮辈”之间的扶持与互助……与日常生活有关的一言一行，都让我们认可聚落，或者被聚落认可。

聚落是

『走到一个四合院中，好像回到娘胎一样的温暖与亲切。我所怀念的是四合院的建筑实体，古老材质与构造呢，还是一种家庭的氛围，与传统人际关系的回忆呢？』

如今要进行传统的维护，是要保存四合院的人间伦理呢，还是四合院的形貌？传统的生活方式已经完全改变，四合院的社会意义已不存在，可不可能赋予新的价值呢？

——汉宝德（台湾建筑学家）

传统聚落中固有的语言及文脉，不同于丁字尺和三角尺下所描绘出的呆板的世界，人们开始意识到另一种几何学的存在。

——藤井明（日本建筑学家）

典范的中国乡村

和顺古名阳温暾，明洪武年间军屯戍边时始建，至今已有600多年历史了。村子里有一条小河绕村而过，人们就把这里更名为“河顺”，后来取“士和民顺”的意思，把这里雅化为和顺乡，现将建制改为镇，并刚刚获得中国十大魅力名镇的称号。全镇住宅从东到西环山而建，渐次递升，绵延两三公里，现有人口六千余人。一座座古刹、祠堂、明清古建疏疏落落围绕着这块小坝子。村前一马平川，清溪绕村，垂柳拂岸，夏荷映日，金桂飘香，让人流连忘返。

进入和顺首先要通过双虹桥。双虹桥上有一个大妈在卖松花糕，浅黄色的松花糕整整齐齐地摆在一只浅底的大木盒子里，有点像新中国成立前小贩挂在脖子上卖烟的那种木盒，上面用一张塑料布盖着。看见我好奇的样子，大妈拿出一只小铝皮铲子，小心翼翼地铲起一角让我尝尝。新鲜的松花糕很软，有股浅浅的清甜味，它是由松子、红豆茸、糖和面粉制成的，含一口在嘴里，豆茸与松粉便开始在齿间缠绵，微微的松子香味一如满满的爱恋溢出唇边，久久不散……

双虹桥是一座古老的石拱桥，桥头有一棵亭亭如盖的大青树，也不知道这大树在这里多少年了，可以肯定的是它在我之前就存在了，在我离开之后，它也许依然会这样存在很多年。有三只鸟，一只在石头上梳理羽毛，另外两只在深绿的树枝上跳跃着，追逐着，并没有因为我们的到来而惊慌，啾啾的低鸣与池塘的流水声水乳交融。

走过双虹桥，抬眼便看见了和顺图书馆。这是一个很大的院子，里面栽了很多花木，宁静而从容。图书馆的主楼是一幢两层的小楼，建筑风格是中西合璧的，屋顶的飞檐和木梁是传统的中式建筑，门窗的设计却非常欧化，看得出和顺人的开放精神。和顺图书馆始建于1928年，是旅居外地的和顺华侨集资兴建的，到了1938年的时候，馆内的藏书已经超过了10万册，其中包括《四库重刊》《二十四史》等大部头的孤本、善本

流長
源遠

书籍，也有《云南通志》《天地一庵诗》《腾越日报》《仰光日报》等地方文献和东南亚史料丛刊。和顺图书馆是中国最大的乡村图书馆。

轻轻走上图书馆的二楼，白发老先生戴着眼镜，正在专注地读报，拐杖从凳子边滑落也浑然不觉。年轻的女孩在翻阅林纾译的《茶花女轶事》，小学生在阅览室里做作业，有着与同龄人不一样的沉静。此时此刻，我忘记了和顺图书馆是一个旅游景点，时间在这里凝固，一个小小的山村图书馆与外面的大千世界仿佛很贴近，又仿佛很遥远。张先生告诉我，年轻的时候，他就经常到图书馆来看书，他在这里读到了很多腾冲的古老中医理论，还看了很多文学书籍，和顺图书馆像磁铁一样吸引着他，他在书的海洋里找到了自己的精神寄托。“在那些动荡的年月里，多亏有了和顺图书馆，我才能‘躲进小楼成一统，管他春夏与秋冬’，获得精神上的享受。”

张先生拿起书架上的一本《腾越厅志》，很自豪地跟我说，“你别看我现在年纪大了，我每天都到图书馆来看书，掌握的信息一点也不比你们这些年轻人落后。”我相信他说的是真的，因为和顺图书馆的读书气氛，确实能感染来到这里的每一个人。

从图书馆出来，左转就是寸氏宗祠。据说最早在和顺定居的是寸、刘、李、尹、贾、

张、钏、杨八大姓氏人家。和顺乡的这八姓人家，不仅建有宗祠，而且纂有记载祖先渊源的族史、家谱。这些资料今天已成为我们研究腾冲历史、云南历史，乃至研究中国西南移民史和开发史的第一手资料。

寸氏宗祠建于清嘉庆十三年（1809年），是和顺八大宗祠历史最久远的一家。大门造型中西合璧，三道罗马式圆拱门，每道门有一个三角顶，十分有新意。临门月台上左右两边各树一棵石标杆，每棵杆上有两个石斗。一个斗表示有族人中了举人，两个斗是中了进士，寸氏在和顺可谓人才辈出。

寸氏宗祠前面，有几个小孩在嬉戏，无忧无虑。往前走几步，我看见有一户人家开着门，里面有几个妇女在编藤椅，腾冲自古以来就以藤编出名，甚至士兵身上穿的铠甲也是用藤编的，史称“藤甲兵”，据说这样的藤甲用油处理过，刀枪不入。我问她们编好的藤椅多少钱一个，编椅子的妇女头也不抬地回答我“250块”，虽然有些贵，但好像她们并不愁卖不出去。

和顺随处可见的是月台和洗衣亭。月台的功用有两个，一是保住家族的风水，使财富和好运留在家里，这一点和白族民居的照壁比较像。月台的另一个功用是提供村民公共活动的场所。老人可以在月台上乘凉聊天，收割了庄稼可以在月台上晾晒，还可以在月台上摆摆小摊，卖柠檬水和凉豆粉等小吃。月台前面的道路是整齐的青色方砖，这恐怕不是原来那个和顺的地面吧？坐在月台上乘凉的白头发老婆婆告诉我，有个从昆明来的什么什么集团，在和顺投资了好几千万，获得了和顺几十年的土地租用权，他们盖了房子和馆子，买来了铁皮小船，地面也搞过了。你们喜欢吗，我问。当然喜欢了，新房子好看，她说。

洗衣亭也是和顺的一种人性化设计，出门在外的丈夫体谅家中妻子的辛苦，为她们搭建了洗衣亭，让女人们在洗衣打水的时候，免受风吹日晒。妇女们一边洗衣劳作，一边聊天说笑，乡村生活就这样一天又一天地度过了。

和顺的另一个重要景点是艾思奇故居。艾思奇本名李生萱，他的父亲李曰垓被誉为“天南一枝笔”，为蔡锷写过《讨袁檄文》。在李氏宗祠里，就有包括李曰垓在内很多李家杰出人才的照片。

艾思奇是具有广泛影响的著名马克思主义哲学家，他一生写出了许多脍炙人口的哲学著作，特别是《大众哲学》《哲学与生活》这两本书，曾引导无数青年走上革命道路。艾思奇去世时，毛泽东在他的悼词上亲自写下“党的理论战线上的忠诚战士”一语。

艾思奇故居坐落在和顺水碓村的山坡上，院子里的花静悄悄地开放，青藤悠悠地爬上木雕的门窗。“花可解语还多事，石不能言最可人”的对联飘着书香。故居旁边是“元龙阁”——一个坐落在美丽的池塘边上的道观。

晚餐的时候，我们在李氏宗祠吃地道的腾冲风味，我记忆最深的是一碗叫头脑的东西。头脑是母亲或妻子为远行的人准备的一道美食，用糯米、甜白酒、火腿、瘦肉加冰糖水煮成，碗口还加了两个荷包蛋，分量很实在，味道是暖暖的家的感觉。一碗简单的头脑，蕴含了家里的亲人对远游的人的千言万语，出门做生意，要有头脑，不要被别人骗了；出门读书，要有头脑，才能学有所成；出门的时候，要记着故乡头脑的美味，一定要早点回来……

我想起曾经在和顺读过的《阳温暾小引》，它是和顺人出国的必读手册，里面有这样的句子：“父母恩，好一似，天高地厚。在一日，孝一日，岂可远游。不得已，为家贫，不得不走。”

乡土中国、文化之根，就是这样的和顺。

永建乡的伊斯兰风情

永建原来是回族聚居乡，2001年撤乡建镇，是滇西的伊斯兰文化中心。车窗外飞驰而过的一座座白墙绿顶，圆形尖拱的建筑就是清真寺。春天，油菜花飘香的季节，放眼看去，数得出的清真寺就有10多座，几乎每个村子都有清真寺。

定居巍山的回族先民是战士“转业”，全县有23种民族，其中的汉族、彝族、回族、白族、苗族、傈僳族已在巍山世居多代。

清真寺是穆斯林礼拜的地方，也是传播伊斯兰宗教思想的讲坛和他们精神皈依的圣殿。清真寺影响着穆斯林社区居民的思想，是人们精神力量的核心。所以，清真寺在信仰伊斯兰教民族的村镇里，是具有象征意义的最重要的建筑，通常也是最壮观最显眼的建筑。

永建乡的18个回族村子中有好几个村子紧密地连在一起，各个村子的清真寺相邻媲美，堪称云南最壮观的清真寺建筑群。一般清真寺内最主要的建筑是礼拜大殿和宣礼楼，礼拜大殿也叫朝真殿，是穆斯林们进行礼拜的地方。宣礼楼也称为“叫拜楼”，楼顶有喇叭，礼拜的时候用来通告全村。礼拜大殿通常坐落在西面，宣礼楼位于东面，两幢楼之间有一条宽阔的道路相连，然后以这条道路为中轴线，两边分布厢房、伙房等配套设施，形成一个非常对称的院落。

永建乡的清真寺在建筑的布局和色彩上非常相似，这些清真寺的外观多用白色和绿色作为主色调，同时在建筑物的顶部配有星月装饰，保留了非常纯正的伊斯兰建筑风格。不同村子的清真寺又有自己的特色。小围埂的清真寺大殿两侧的望月楼是伊斯兰风格的建筑，中间却是中国传统的木结构的三层建筑，属于“中伊合璧”。大围埂的清真寺少了些飘逸灵秀，更多地显出传统的厚重。马米厂清真寺的大殿则采用中国殿堂式建筑特色。最有异域风情的是三家村的清真寺，挺拔俊秀，十分醒目。在方圆

馬米廠村
道路自信
理论自信
南詔古郡

几公里的地方有这么多各具特色的清真寺，这是非常难得的。我们乘车经过这一带的时候，很容易就会被这些与众不同的建筑吸引。

在小围埂、大围埂、三家村、马米厂等几个较大的清真寺边上，还同时附设有研习《古兰经》和伊斯兰文化的阿文学校，阿文学校的学生大都是本村的儿童和青年，他们有的从当地的普通中学毕业，然后继续在这里学习，有些是利用学校放假的时间来学习，也有一些是从外地来此学习伊斯兰文化的。阿文学校一般开设有语文、阿拉伯语会话、阿拉伯语翻译、《古兰经》选读、中国历史和阿拉伯历史等课程。阿文学校分设男女校区，即使男女在同一个校区，也严格地分设男生班和女生班。

永建乡各个村寨的道路都修建得非常好，虽然是村中便道，也是水泥铺就的，整个村子非常干净整洁。我们经常会看见衣着素雅，头顶白纱的穆斯林少女在房檐屋角一闪而过。几乎所有回族人家的大门门头上都有一排阿拉伯语经文，经文的意思是“世守清真”，这样的门头是穆斯林人家的身份象征。当地回族人家的房屋建筑格局也受到周边民族的影响，大多是“三坊一照壁”或“四合五天井”，不同的是回族人家所有的装饰都是植物。穆斯林信奉天下只有唯一的“真主”，不会将其他的动物作为图腾

装饰。

回民们每天按时颂经把斋，保持着传统的生活习俗和宗教信仰。一个穆斯林在一天中要进行五次礼拜：分别是天破晓至日出前的晨礼、太阳偏斜后至正午之间的晌礼、晌礼末时开始至日落前的晡礼、日落之后至太阳光散尽之后的昏礼、天黑至破晓前的宵礼。另外，穆斯林还有每周五的聚礼，每年开斋节、古尔邦节时举行的会礼。

对穆斯林来说，每次礼拜都是一件非常严肃的事情，礼拜前他们都要认真地做“大净”或者“小净”。“大净”指沐浴，“小净”指洗脸、洗手、洗脚、漱口和灌鼻。而且礼拜前的洗浴不能用已经使用过的“回水”，所以每个穆斯林都会有一个曲柄弯嘴的专用“洗

浴壶”。

在礼拜开始前五分钟，清真寺宣礼楼的喇叭就开始播放经乐，有些村子还在每户人家都安了小喇叭。洗净后的人们听到广播，12岁以上的成年男子就穿上干净的衣服，聚集到清真寺，在“阿訇”的带领下集体进行礼拜。妇女和儿童则在家里礼拜，一般回民家庭都设有专门的礼拜堂，礼拜堂的墙壁上挂有“天房”的图片或伊斯兰经文，地上铺有地毯。家里的礼拜堂就是专门给妇女和儿童礼拜用的，通常清真寺的大殿是不让女子和外人进入的。

礼拜时间，永建乡的回族村子里万人空巷，一片寂静，只有清真寺的朝真殿里，有庄严肃穆的诵经声。和着这样的声音，人们整齐而严肃地行礼、叩拜，神情专注。穆斯林每次礼拜的时间都不长，大约五到十分钟，但是每天五次、每次十分钟，日复一日、年复一年地坚持，却是非常不容易的。在这样神圣而严肃的宗教仪式里，我们不仅看到了一种独特的迷人风情，也能清晰地感受到这个民族内在的精神力量。

鲜鱼、乳扇、生皮、白族人家

苍山有十九座山峰，山峰间流淌出十八条溪水，呈南北向巍然纵列；洱海是著名的高原湖泊，形状像一只人耳，如明镜一般镶嵌在苍山脚下。山脚平缓的坡地上，十八条溪水冲刷出一片片适于耕作的冲击扇，最后汇入洱海，成为湖泊的水源补给。

白族沿溪流定居，在冲积扇上耕作稻田，将溪流引入渠道灌溉，是得天独厚的农耕环境。

村落也临洱海，人们泛舟楫桨，出海捕捞，是农耕之外的重要经济活动。依山傍水，成就著名的鱼米之乡。

周城是一个村子，因为从大理北上的公路穿村而过，这里就有了城市的样子。道

路两旁是各种各样的商店，卖时下流行的衣服、电器、手机，与其他的小镇没有什么差别。从道路两边的小路岔进去，深入白族人家的院落，才会发现这里特有的韵味。村头有一个市场，市场里有几棵错落有致的大青树，大青树下，是一个又一个的小摊。小摊的主人，是干净整齐、手脚麻利、亲切随和的白族大妈或大婶。她们笑盈盈地坐在桌子或火炉后面，闲的时候纳纳鞋垫，唠唠家常，有人来了，就站起来卖东西。他们卖的东西很简单，却很丰富。摆瓶瓶罐罐的卖凉粉，支油锅的卖煎鱼，放冰块的卖木瓜水，还有很多煮菱角、泡梅子、炸乳扇之类的小零食。七八月间的清晨，也卖鸡纵、牛肝菌等各种山珍。

洱海鱼是这里每天都会上演的美食连续剧，鱼分为家鱼和野鱼，家鱼就是鱼塘里养的鱼，通常是拉出去卖给城里人的，野鱼是洱海里打上来的野生鱼。野鱼从小在洱海里自由自在地生活，吃过的东西多，见过的世面广，鱼肉当然结实鲜甜。

每天黄昏的时候，附近村子里的大叔们就划着船出海了，他们伴着夕阳的余晖，悠悠地把网撒到深蓝色的洱海里，然后再悠悠地回家吃晚饭，有时候，他们会带回些海菜，或者菱角，也会提前捕获几尾黄壳鱼，家中的餐桌就因此丰富起来。第二天一早，他们又趁着黎明后的微光出发，到洱海里收网。网上稀稀疏疏地挂着些大小不一的鱼，那是洱海送给海边住户的礼物。打渔的人把网收起来，大鱼扔进竹篓，小鱼放回洱海。当太阳从东边升起，金色的光芒洒满碧波的时候，大叔摇着橹，漾着一圈圈波纹回到镇上。

这时，摆摊的大妈大婶们已经出来了，卖鱼的大婶和打渔的大叔都是很熟悉的人，半卖半送，半开玩笑半聊天，新鲜的野鱼们易了主。大妈们用新鲜的洱海水把野鱼养在盆里，等着顾客光顾。野鱼们在盆里快乐地游着，对自己即将变成美味的命运毫不担心。洱海地区被称为“高原上的明珠”，是有名的鱼米之乡，白族人靠海吃海，千百年来练就了一身吃鱼的好本领，这里基本天天有鱼吃，洋芋酸辣鱼、砂锅豆腐鱼、木瓜煮鱼、冻鱼……

做乳扇也是白族人家普通的功课之一。天气晴朗的早晨，我们被温柔的阳光和小鸟唤醒，大妈已经提着刚挤的牛奶回来了，牛奶里似乎还飘着清晨露珠的清香。大妈把牛奶倒进大锅，然后加入酸浆，用一根木棍不停地搅拌。慢慢的，牛奶越来越稠，最后变成了胶状的半固体奶酪，大妈把奶酪倒进木桶，提到院子里。院子里有一排竖着的木杆，只见大妈手法灵巧地将奶酪拉成扇形，绕在木杆上晾晒。一根木杆上可以晒好几片乳扇，不一会儿，院子里的木杆上便挂满了奶黄色的乳扇，奶香味飘出了整个庭院。阳光透过乳扇射在庭院里，变成了暖暖的金色，院子里白色的照壁上，那个圆润饱满的“福”字宁静安详。坐在屋檐下，看兰花散发出悠悠的清香，乳扇晒到七八成干，大妈就开始收乳扇了。于是，我先吃到了绵韧香浓的生乳扇，又吃到了充满玫瑰花香的玫瑰糖烤乳扇，最后是餐桌上酥脆的夹沙乳扇。同一种食品，却能变化出完全不同的味道，乳扇的魅力就在这里了。

吃生皮一定要赶在中午以前。勤劳的白族人民，一样是大清早就起来杀猪，杀好之后，他们就地取材，用点燃的干稻草褪猪毛。稻草霹雳霹雳地响着，黑黑的猪毛瞬间就化成灰烬，连带猪皮和猪皮下面一层薄薄的肉也被烤得有七八分熟了。手脚麻利的大叔们迅速将烧过的猪刮洗干净，肢解成几大块。猪后腿上的皮最是脆嫩，用手一撕，“唰”的一声，整个猪后腿的皮就应声而落，皮与肉分离得干净利落。撕下来的猪皮切成细丝，拌上酱油、盐巴、辣椒、萝卜丝、芫荽等配料，一碗美味无比的生皮就做成了。爽朗的白族人甚至不用拌作料，直接切了生皮就拿来下酒，脆嫩绵软耐嚼，叫人怎么舍得离开。

鲜鱼、乳扇、生皮，这些看起来再普通不过的东西，却象征我们今天已经失落太久的乡土生活。所以，那么多的人来到青砖白墙的白族院落，看蓝天白云，看潮起潮落，看屋檐上的荒草，看墙角灿烂的野花。

带外地的朋友来大理，在这里住了10天后，他不舍地说，我最初的家园在大理。我笑他，他说，最为传统的乡村生活，不就是萦绕在男耕女织，日出而作、日落而息的寻常渔耕里吗？如此说来，我们每一个人都有一个心灵的故乡，这个故乡，也许就是如苍洱的山水间一般宁静和谐的田园。

连结

在这个全球本土化被提上日程的年代，我们探访云南少数民族聚居的村落，很多是历经数百年的聚落，在他们最初建造的时候，或许也有我们现在新型城镇化进程中一般的思忖与考量，当传统的村落共同体在缓慢但是却无可避免地走向解体和崩溃的时候，我们想要在传统的村落里，记录下它们令人引以为荣的魅力所在。

现在的村落大多以老人、妇女和孩子为主，在那些还保有活力的聚落里，我们能看到人们的表情是平和与幸福的。一般来说，聚落是对人的制约，一方面，聚落保护身在其中的居民，另一方面，聚落的内部必然是制度和规约的束缚。文化之外，风土和环境也是一样，总是不时考验着聚落里的人们。也许在并不久远的未来，我们会用更为现代和城市的词语——“社区”来探讨人们之间的连结关系，希望那个时候的世界，依然是充满想象力和魅力的。

后记

感谢云南的山山水水！

在这片土地上生活了四十年，走过很多村村寨寨，遇见过无数有情、有趣、有义、有故事的云南人。一直在读关于云南的书，既往的故事和当下的情境常常在眼前交叠，幻化出一幕幕活生生的云南影像。

也去过其他国家和地方，行走的时候也会做比较和考量，会发现云南的局限与困扰，但是无论走多远，回到这片土地才会觉得放心和安心。

这一本小书，主观而固执地写了在云南这片土地上生活的人，他们在山水间构筑的家园，他们构筑家园时的选择、安放、经营，以及他们的聚落在传统、地域、现代与乡愁中的守望和变迁。

可以言说的故事还有很多，可以行走的路和田野也还有很多。云南的山水和民族，我希望可以一直行走于其中。

感谢云南美术出版社社长刘大伟老师、总编辑张平慧老师对本书的关注与厚望；感谢张文璞老师，她细心地审读了书稿，提出很多切实有效的修改建议，极大地提升了书稿的品质；感谢李林老师让本书得以成型，他是我见过的最温和的君子，也是我见过的最耐心的好编辑。

感谢云南大学文化发展研究院院长李炎老师、副院长林艺老师及其他同事对我的帮助和鼓励。

感谢和我一起行走于田野中的伙伴们，他们是李志雄先生、刘建明先生、许云华先生、罗宁先生、何新闻先生。

感谢图书设计师杨蒂女士。

感谢12岁的女儿罗点澄，她喜欢这本小书，是第一个读者。

念念不忘，必有回响。

谢谢大家的宽容！

汪榕
2018年8月22日